はじめての特別支援学校12か月の仕事術

小学部・中学部・高等部

米谷一雄・深谷純一・渡辺裕介
特別支援教育の実践研究会 編著

JN136870

明治図書

はじめに

『はじめての〈特別支援学校〉12か月の仕事術』を手に取っていただきありがとうございます。本書は，はじめて特別支援学校に勤務される方や若手で経験が浅く，まだ学校の業務を把握しきれていない方，そして，経験を積んだミドル層が業務を整理したり，若手に指導・助言したりするときに活用できる１つのツールとして，手元に置いておきたい１冊を目指して編集を行いました。もちろん，これから特別支援学校の教師を目指す方にも参考になる内容となっています。

子供たちと向き合い，寄り添い，力を引き出すことが，教師としての醍醐味であります。教師という仕事は発達期，成長期にある子供たちと同じ時間を共有し，その成長を目の当たりにできる，とても幸せな仕事です。だからこそ，高い志と使命感をもった先生が，生き生きと仕事に向き合えるために，少しでもお手伝いがしたいとの思いで企画をしました。執筆にあたっては，全国の特別支援学校で経験のある先生方にお願いしました。心より感謝申し上げます。

本書のポイントは，１年間の見通しです。担任や分掌をはじめ，事務作業，保護者対応，教員間の連携など，特別支援学校で働くための様々なエッセンスが盛り込まれています。第１章では，必ず成功する！新学期の準備と基礎知識として，教師の心得や新年度準備，始まってからの１週間に焦点を当てています。できれば４月を迎える前に目を通してほしい内容です。また，第２章では，４月から３月までのひと月単位でカテゴリーを設けて，その時期に必要とされる仕事内容を取り上げています。時期については，あくまでも例示ですので，必要に応じて活用ください。学校の業務は，年度末から年度はじめにかけて繁忙期となります。特に，４月は，短い期間で児童生徒を受け入れることになります。児童生徒を笑顔で迎え，安心感をもってもらうためにも，準備をしっかりとしておくことが重要です。

2017年４月に『はじめての〈特別支援学校〉学級経営12か月の仕事術』が発行されてから，８年が経ち，時代も平成から令和へと移り変わりました。令和３年１月の中央教育審議会答申「『令和の日本型学校教育』の構築を目指して～全ての子供たちの可能性を引き出す，個別最適な学びと，協働的な学びの実現～」，そして，令和３年３月に諮問された「『令和の日本型学校教育』を担う教師の養成・採用・研修等の在り方について」が示され，特別支援教育を担う教師への期待も大きなものとなっています。これからの時代，多様性を認め合い，誰一人取り残さない教育を実践するためにも，この１冊がその一助となることを願っています。

編著者を代表して　米谷　一雄

12か月の流れ例

稗田　知子

月 学習単位	4月	5月	6月	7月	8・9月
行事	始業式 （入学式）	個人面談 運動会	遠足 セーフティ教室 水泳指導開始	水泳指導終了 終業式	始業式 引き渡し訓練 学校間交流
日常生活の指導	荷物整理　着替え　排せつ　係活動　朝の会（挨拶・出欠確認・健康観察・スケジュール確認・				
生活単元学習	•自分の身体を知ろう（健診に向けて） •運動会に向けてがんばろう	•春を探そう •野菜を育てよう	•遠足に行こう •危険から身を守ろう（セーフティ教室・水難事故防止など）	•季節の挨拶 •まとめの会をしよう	•防災について知ろう •○○小の友達と仲良くなろう
国語 ※通年で個別課題学習の時間あり	•自己紹介をしよう •絵本『14ひきのぴくにっく』（いわむらかずお・童心社）	•いろのことば •絵本『くれよんのくろくん』（なかやみわ・童心社）	•うごきのことば •絵本『ぞうくんのさんぽ』（なかのひろたかほか・福音館書店）	•かいてみよう（暑中見舞い） •絵本『なつのおとずれ』（かがくいひろし・PHP研究所）	•きもちのことば •絵本『えがおがいいね』（下田冬子・鈴木出版）
算数 ※通年で個別課題学習の時間あり	•かぞえてみよう（10までの数）	•かぞえてみよう（10までの数）	•いくつといくつ（10の合成と分解）	•仲間あつめと仲間分け	•仲間あつめと仲間分け
音楽	様子を思いうかべて表現してみよう 歌唱：「春の風」 身体表現：「踊る子猫」 鑑賞：「きみもとべるよ！」		いろいろなリズムを感じよう 歌唱：「ながぐつマーチ」「世界中のこどもたちが」 器楽：和太鼓「げんき太鼓」 身体表現：ボディパーカッション 鑑賞：「風になりたい」「シンコペイテッド・クロック」		
図画工作	•壁面飾りをつくろう	•布に描こう	•シール版画をしよう	•粘土で食べ物をつくろう	•お面をつくろう
体育 ※通年でラジオ体操，走運動	•体つくり運動 •運動会練習（ダンス，競技種目）		•水遊び・水の中での運動		•ボール遊び，ボールを使った運動やゲーム（投げる）

生活科については，各教科等を合わせた指導で扱う。
道徳・自立活動については，各教科等を合わせた指導及び教育課程全般で扱う。

【例とした学年・学級の概要】
小学部４年生，30名（重度重複学級６名，普通学級24名）。児童の実態幅が大きいため，学級単位の活動，学年単位の活動，習熟度別の活動等，教科によって学習グループを編成します。重度重複学級では時間における自立活動が設定されています。

10月	11月	12月	1月	2月	3月
社会見学		学習発表会 終業式	始業式 就業体験 乗車学習		（卒業式） 修了式
今日の個人目標発表・給食メニュー発表）　給食準備（身支度・手洗い・係活動）					
•社会見学に行こう •秋を探そう	•学習発表会をがんばろう	•正月の行事を知ろう •まとめの会をしよう	•働く人を知ろう •交通安全マスターになろう	•風とともだち •買い物に行こう	•お楽しみ会をしよう •もうすぐ５年生
•きもちのことば •絵本『おこる』『ないた』（中川ひろたかほか・金の星社）	•劇をしよう •絵本『ブレーメンの音楽隊』（グリム童話）	•自分の気持ちを伝えよう •絵本『てぶくろ』（エウゲーニー・M・ラチョフほか・福音館書店）	•書いてみよう（書き初め・墨で書く） •絵本『どうぞのいす』（香山美子ほか・ひさかたチャイルド）	•ひらがなを読もう •話の順番を考えよう（うさぎとかめを題材に）	•声を出して発表しよう •絵本『おおきくなったらきみはなんになる？』（藤本ともひこほか・講談社）
•比べてみよう(大きいと小さい)	•比べてみよう(多いと少ない)	•比べてみよう(長いと短い)	•形をつくろう(○△□を使って)	•表をつくろう	•算数クイズに挑戦（1年のまとめ）
音の響きを楽しもう 歌唱：「まっかな秋」「大きなうた」「ひいらぎかざろう」 器楽：「虫の声」「きよしこの夜」（トーンチャイム，ベル） 身体表現：ハンガリー舞曲 鑑賞：「カノン」			日本の歌・外国の歌 歌唱：「たき火」「君が代」「小さな世界」「ABC の歌」 器楽：「ドレミのうた」「星に願いを」 身体表現：「マイム・マイム」「ひらいたひらいた」 鑑賞：「和楽器の曲など」「歓喜の歌」		
•和紙をつくろう	•小道具・背景づくりをしよう	•雪を表現しよう	•和紙染めをしよう	•春の装飾をつくろう	•思い出の写真を飾ろう
•ボール遊び，ボールを使った運動やゲーム（蹴る）	•器械・器具を使っての遊び，運動（マット，跳び箱）		•走・跳の運動（遊び）（持久走，縄跳び）	•走・跳の運動（遊び）（ハードル走）	•走・跳の運動（遊び）（直線走，リレー）

12か月の流れ例

稗田　知子

学習単位＼月	4月	5月	6月	7月	8・9月
行事	入学式 始業式	運動会	遠足		高等部見学
日常生活の指導	荷物整理　着替え　排せつ　係活動　朝の会（挨拶・出欠確認・健康観察・スケジュール確認・				
生活単元学習	○地域を知ろう① ○サツマイモを植えよう	○運動会に向けて ・応援練習 ・係活動 ・招待状作成	○遠足事前学習 ○■■中学校との交流会に向けて	○外国語を知ろう① ○1学期を振り返ろう	○移動教室に向けて ・調べ学習 ・係活動 ・集団行動
作業学習（紙工班）	作業学習オリエンテーション・作業班決め	〈製品を作ろう〉 ・準備・片付け　・道具の扱い　・工程遵守　・報告・相談　・作業に向かう態度			
国語	自己紹介をしよう	詩を読もう	作文を書こう①	暑中見舞いを書こう	メモを取ろう①
数学	1000までのかず		乗法九九をおぼえよう 5までの九九をおぼえよう		表とグラフ①
音楽	きれいな声を出そう 校歌・「花」	日本の歌・楽器 「茶摘み」 箏・三線	パソコンで音楽をつくろう	季節の歌 「浜辺の歌」 「風になりたい」	リズム① ボディパーカッション
美術	春のデザイン	オリジナルの国旗を作ろう	ちぎり絵（あじさい）	夏のデザイン	スチレンボード版画
保健体育 ※通年でラジオ体操，走運動	体力テスト 体つくり運動	運動会種目練習（ダンス）	パラスポーツ 水泳	水泳運動 生活リズム・心の保健（健康など）	球技（ポートボール）
職業・家庭	〈職業分野〉 仕事に向かう姿勢 身だしなみ・挨拶 〈家庭分野〉 家庭の安全	〈職業分野〉 報告・相談しよう ワークトレーニング 〈家庭分野〉 調理しよう①	〈職業分野〉 情報機器操作（文字入力） 〈家庭分野〉 衣替え・アイロンがけ	〈職業分野〉 情報機器操作（表計算） 〈家庭分野〉 整理整頓・清掃	〈職業分野〉 上級学校訪問・進路学習 〈家庭分野〉 買い物・調理しよう②
総合的な学習の時間	防災を考えよう ・地震に備える		オリンピック・パラリンピックを知ろう ・パラ競技体験		

理科・社会については，各教科等を合わせた指導で扱う。
道徳・自立活動については，各教科等を合わせた指導及び教育課程全般で扱う。

自立活動については，教育課程によって，時間の指導を行っている場合もある。

【例とした学年・学級の概要】
中学部２年生，25名。知的障害学級。学級単位の学習，習熟度別学習，学年別の学習，と学習グループを編成します。作業学習は２年生と３年生の縦割りで実施しています。学年全体で知的障害の程度が比較的軽い生徒が多い集団です。

10月	11月	12月	1月	2月	3月
移動教室		学習発表会		社会見学 作業製品販売会	卒業式
今日の個人目標発表・給食メニュー発表）　給食準備（身支度・手洗い・係活動）					
○収穫祭 ・収穫・調理 ・会食 ・学習成果発表	○学習発表会に向けて ・舞台発表練習 ・小道具作り ・招待状作成	○外国語を知ろう② ○２学期を振り返ろう	○凧と遊ぼう ・凧あげ・紙飛行機作り	○地域を知ろう② ○外国語を知ろう③	○もうすぐ３年生 ・高等部の生活 ・卒業式練習
など		〈製品販売会準備〉 ・パッキング・値札貼り・チラシ作り・接客　など			〈報告会〉 ・ポスター作り・発表　など
物語を読もう		年賀状を書こう	丁寧に文字を書こう	メモを取ろう②	作文を書こう②
時刻と時間		平面図形と立体図形	はかってみよう（長さ・重さ・かさの単位）		表とグラフ②
学習発表会に向けて 身体表現：「ドレミのうた」 器楽：「エーデルワイス」		リズム② 和太鼓	世界の音楽① 西洋の音楽	世界の音楽② アジアの音楽	みんなで歌おう 「ビリーブ」「君が代」
秋のデザイン	デジタルカメラでコラージュ	冬のデザイン	羊毛で作ろう	アルコールインクアート	作品展をしよう
陸上運動（ハードル走）	器械運動 マット・平均台・跳び箱 保健（感染症予防など）		陸上運動(持久走)	武道（剣道）	ダンス 保健（心の健康など）
〈職業分野〉 情報機器操作 （インターネットの取り扱い） 〈家庭分野〉 リサイクル・環境に優しい生活		〈職業分野〉 SNS マナー 〈家庭分野〉 余暇の過ごし方	〈職業分野〉 販売会計画立案 役割・協力 〈家庭分野〉 消費の視点で販売会を見る		〈職業分野・家庭分野〉 １年のまとめ
社会貢献活動 ・地域清掃・リサイクル活動			世界の文化を学ぼう ・世界のカーニバル		１年のまとめ

12か月の流れ例

稗田　知子

学習単位＼月	4月	5月	6月	7月	8・9月
行事	入学式	体育祭			職場体験
国語	自分のことを伝えよう①	説明文を理解しよう（新聞・広告）		表現力を高めよう①（丁寧な言葉）	自分のことを伝えよう②
社会	国内の各県について知ろう （国土の特徴・各県の位置・生活様式・特産物など）			選挙について	外国の様子（アジア）
数学	数と計算 （分数と小数）		図形 （面積の求め方・図形の合同等）		
理科	季節と生き物			雲と天気	日本各地の気候と動植物
音楽	歌唱・身体表現 「校歌」「ビリーブ（二部合唱）」		器楽・鑑賞 国歌・世界の民族音楽		器楽・創作 日本の伝統楽器・創作
美術	メディア表現 （タブレット端末での描画）	色彩構成	日本の名画 （鑑賞と模写）		メディア表現 （デザイン画）
保健体育 ※通年でラジオ体操，走運動	〈体育〉集団行動・体つくり運動 体力テスト・ダンス 〈保健〉生活リズムについて		〈体育〉水泳 〈保健〉熱中症について		〈体育〉ユニバーサルスポーツ
職業	進路選択に向けて 働くこと，企業の業種・職種・福祉サービス			職場体験オリエンテーション ビジネスマナー	ビジネスマナー
家庭	衣服の選択と手入れ 季節に合った服装・洗濯表示の意味		小物製作 基礎縫いの方法		
外国語	アルファベット	単語と発音 フォニックス	人物の紹介		要求を伝える
情報	情報社会 インターネットの利用	情報デザイン 文書作成ソフトの活用			情報の扱い，SNSやインターネットにおける個人情報
特別活動	1学期の個人目標，学級目標	クラスレクリエーション	校内清掃活動	夏休みに向けて 2学期目標，係決め	夏休みの生活報告会
作業学習	働くスキルを身につけよう　各作業班での活動（目標設定・身支度・安全・挨拶・報告・連絡・相談・				
総合的な探究の時間	〈年間テーマ〉みんなが生活しやすい社会にするにはユニバーサルデザイン，バリアフリー，合理的配慮，環 クレガシー，国際理解 などグループごとに体験，情報収集，整理，資料作成などを実施				

道徳・自立活動については，主に，特別活動・総合的な探究の時間で扱うとともに教育活動全体を通じて行う。

【例とした学年・学級の概要】

高等部２年生，職業類型（16名）。知的障害の程度は一番軽い集団です。中学校特別支援学級からの高等部入学者が多く，ADL はほぼ確立しています。HR 以外はグループ別の活動で，教科別の指導中心の教育課程編成になっています。

<table>
<tr><th>10月</th><th>11月</th><th>12月</th><th>1月</th><th>2月</th><th>3月</th></tr>
<tr><td></td><td></td><td>修学旅行</td><td>地域貢献活動
（高齢者施設訪問）</td><td>持久走大会</td><td></td></tr>
<tr><td colspan="2">地方の言葉・民話について知ろう</td><td>表現力を高めよう②（各種申込書等の作成）</td><td colspan="2">俳句・短歌を作ろう</td><td>自分のことを伝えよう③</td></tr>
<tr><td colspan="3">国や社会のきまり
（法律・社会保障制度など）</td><td>外国の様子（ヨーロッパ）</td><td colspan="2">我が国の自然環境と生活
（災害，環境問題など）</td></tr>
<tr><td colspan="3">変化とその関係
（比例，百分率など）</td><td colspan="3">データの活用
（データの収集，分類，グラフなど）</td></tr>
<tr><td colspan="2">人体について</td><td>ものの温まり方と水の三態変化</td><td colspan="3">地球，月，太陽の動き</td></tr>
<tr><td colspan="3">歌唱・鑑賞
合唱曲：「マイバラード」「いのちの歌」
鑑賞：「協奏曲について」</td><td colspan="3">歌唱・鑑賞
歌唱：「君が代」「卒業式の歌」
鑑賞：「様々な音楽のジャンル」</td></tr>
<tr><td colspan="2">メディア表現
（アニメ制作）</td><td colspan="2">陶芸
（器づくり）</td><td colspan="2">壁面装飾
（共同制作）</td></tr>
<tr><td>〈体育〉武道（剣道）
〈保健〉怪我の手当ての仕方</td><td>〈体育〉ティーボール</td><td>〈体育〉器械運動
〈保健〉感染症について</td><td colspan="2">〈体育〉長距離走
〈保健〉ストレスについて</td><td>〈体育〉身体表現・ダンス</td></tr>
<tr><td>働く条件
（最低賃金，給与明細）</td><td>暮らしの場
（グループホーム，通勤寮など）</td><td>余暇の過ごし方
（ワークライフバランス，趣味など）</td><td>身近な相談機関
（ハローワーク，就労支援センターなど）</td><td colspan="2">将来設計
（ライフイベント，社会保険，障害基礎年金など）</td></tr>
<tr><td colspan="2">手提げの製作
ミシンの扱い</td><td colspan="2">郷土料理
五大栄養素，調理用具の扱い</td><td>家族・家庭生活</td><td>消費生活</td></tr>
<tr><td>依頼する</td><td>勧誘，提案する</td><td>英語でゲーム</td><td>海外旅行先での会話</td><td colspan="2">外国の言語と文化</td></tr>
<tr><td colspan="3">情報の収集と活用
（情報収集，処理，発信，著作権などについて）</td><td colspan="3">表計算ソフトの基本操作</td></tr>
<tr><td colspan="2">■■高等学校との交流に向けて
企画・準備・交流会実施</td><td>学期のまとめ
冬休みに向けて</td><td>高齢者施設訪問に向けて</td><td>学年集会</td><td>3年生に向けて</td></tr>
<tr><td colspan="6">規律性・責任性・協同など）</td></tr>
<tr><td colspan="3">境，防犯，防災，ボランティア，オリンピック・パラリンピッ</td><td colspan="3">まとめ・成果発表</td></tr>
<tr><td colspan="6"></td></tr>
</table>

1週間の流れ例

稗田　知子

【小学部4年生知的障害学級　日課表】

	月	火	水	木	金
	登校				
1	日常生活の指導				
2	体育				
3	国語	算数	図画工作	国語	算数
4	音楽	体育	図画工作	算数	生活単元学習
5 (30分)	算数	国語	算数	国語	国語
	日常生活の指導				
	給食・昼休み				
6	日常生活の指導	生活単元学習	日常生活の指導	生活単元学習	国語
7		生活単元学習		音楽	体育
8		日常生活の指導		日常生活の指導	日常生活の指導

1週間の流れ例

稗田　知子

【中学部２年生知的障害学級　日課表】

<table>
<tr><th></th><th>月</th><th>火</th><th>水</th><th>木</th><th>金</th></tr>
<tr><td></td><td colspan="5">登校</td></tr>
<tr><td>1</td><td colspan="5">日常生活の指導</td></tr>
<tr><td>2</td><td colspan="5">保健体育</td></tr>
<tr><td>3</td><td>生活単元学習</td><td>数学</td><td>作業学習</td><td>国語</td><td>職業・家庭</td></tr>
<tr><td>4</td><td>保健体育</td><td>美術</td><td>作業学習</td><td>音楽</td><td>職業・家庭</td></tr>
<tr><td>5</td><td>数学</td><td>国語</td><td>作業学習</td><td>数学</td><td>国語</td></tr>
<tr><td></td><td colspan="5">日常生活の指導</td></tr>
<tr><td></td><td colspan="5">給食・休憩</td></tr>
<tr><td>6</td><td>音楽</td><td>生活単元学習</td><td>日常生活の指導</td><td>数学</td><td>国語</td></tr>
<tr><td>7</td><td>国語</td><td>生活単元学習</td><td></td><td>総合的な学習の時間</td><td>生活単元学習</td></tr>
<tr><td>8</td><td colspan="2">日常生活の指導</td><td></td><td colspan="2">日常生活の指導</td></tr>
</table>

1週間の流れ例

稗田　知子

【高等部２年生職業類型　日課表】

	月	火	水	木	金
	SHR（ショートホームルーム）				
1	職業（30分）				
2	数学	国語	作業学習	情報	数学
3	特別活動（ホームルーム）	家庭	作業学習	国語	社会
4	国語	家庭	作業学習	音楽	保健体育
	給食・休憩				
5	保健体育	理科	作業学習	美術	音楽
6	総合的な探究の時間	外国語	作業学習	職業	職業
7	職業（25分）				

1日の仕事の流れ例

稗田　知子

【ある1日の仕事内容】

時間帯	仕事内容
出勤 7:45	教室換気・整備 個人用パソコンでメール，校内掲示板の内容の確認 職員朝会，学部・学年の打ち合わせ
子供がいる時間 8:35 12:00 13:20 15:30	●スクールバス，自主登校の児童のお迎え ●健康観察，連絡帳確認，提出物回収，下校方法確認 ●日常生活指導（荷物整理，着替え，排せつ，係活動など） ●朝の会（名前呼び，日にちの確認，学習予定，給食メニューの発表，個人目標発表，下校方法確認など） ●朝の運動（体育）　グラウンド周回走，ラジオ体操など ●週時程に沿った授業の実施（リーダーとしての授業準備と進行，サブリーダーの役割など） ●給食準備（身支度指導，手洗い指導，配膳，アレルギー食，形態食の確認など） ●食事介助（必要に応じて） ●連絡帳記入 ●下膳，日常生活指導（歯磨き，排せつなど） ●午後の授業の実施 ●日常生活指導（着替え，排せつ，荷物整理など） ●帰りの会（学習の振り返り，個人目標の評価，明日の予定，下校方法確認など） ●スクールバス乗車見守り ※基本的に，児童が在校中は常に教室で安全管理，指導などを行う必要がある。
15:35 16:35 退勤 18:00	〈教室で〉 ●教室清掃 ●教材整理（次の日の準備など） 〈職員室で〉 ●児童からの提出物確認，担当部署への提出など ●当日の記録作成，他の教員との情報共有（パソコン上でケース資料入力） ●メールなどの確認 休憩（45分） ●分掌部会などの会議に出席 ●分掌内の同じ業務担当者との打ち合わせ ●教材作成 ●学習指導略案作成，他の教員に配付 ●次の日の授業準備 ●机上整理

1日の仕事の流れ例

稗田　知子

【ある1日の仕事内容】

時間帯	仕事内容
出勤 7:45	教室換気・整備 個人用パソコンでメール，校内掲示板の内容の確認 職員朝会，学部・学年の打ち合わせ
子供がいる時間 8:35	●スクールバス，自主登校の生徒のお迎え ●健康観察，連絡帳確認，提出物回収，下校方法確認 ●日常生活指導（荷物整理，着替え，排せつ，係活動など） ●朝の会（出席確認，日にちの確認，学習予定，給食メニューの発表，個人目標発表，下校方法確認など） ●週時程に沿った授業の実施（リーダーとしての授業準備と進行，サブリーダーの役割など）
12:15	●給食準備（身支度指導，手洗い指導，配膳，アレルギー食，形態食の確認など） ●食事介助（必要に応じて） ●連絡帳記入 ●下膳，日常生活指導（歯磨き，排せつなど）
13:15	●午後の授業の実施 ●日常生活指導（着替え，排せつ，荷物整理など） ●帰りの会（学習の振り返り，個人目標の評価，明日の予定，下校方法確認など）
15:30	●スクールバス乗車見守り ※授業の空きコマの時間には，授業準備や教材作成のほか，保護者からの問い合わせに回答することや，関係機関に連絡を入れ相談や各調整を行うこともある。
15:35	〈教室で〉 ●教室清掃 ●教材整理（次の日の準備など） 〈職員室で〉 ●生徒からの提出物確認，担当部署への提出など ●当日の記録作成，他の教員との情報共有（パソコン上でケース資料入力） ●メールなどの確認 ●他学年の教科担当者との打ち合わせ 休憩（45分）
16:35	●分掌部会などの会議に出席 ●分掌内の同じ業務担当者との打ち合わせ ●学習指導略案作成，他の教員に配付
退勤 18:00	●次の日の授業準備 ●机上整理

1日の仕事の流れ例

稗田　知子

【ある1日の仕事内容】

時間帯	仕事内容
出勤 7:45	教室換気・整備 個人用パソコンでメール，校内掲示板の内容の確認 職員朝会，学部・学年の打ち合わせ
子供がいる 時間 8:30	●教室・玄関などで登校指導 ●健康観察，連絡帳確認，提出物回収 ●各生徒の学習スケジュール確認 ●週時程に沿った授業の実施（リーダーとしての授業準備と進行，サブリーダーの役割など）
12:20	●給食（アレルギー食，形態食の確認など） ●食事 ●下膳
13:10	●午後の授業の実施 ●下校前の職業の時間に個人の振り返り，日誌記入などの机間巡視
15:30	●下校指導，部活動打ち合わせ ※授業をもたない時間（空きコマ）には，授業準備や教材作成のほか，保護者からの問い合わせへの回答や，関係機関に連絡を入れて行事などの調整を行うこともある。特に，進路関係の連絡は日中に入ることも多い。学年主任などは，空きの時間を合わせて，会議を生徒がいる時間に設定することもある。 ※部活動は，部活動指導員が主に指導するが，場合によって一緒に指導にあたることもある。
15:45	〈職員室で〉 ●メールなどの確認 休憩
16:35	●分掌部会などの会議に出席 ●分掌内の同じ業務担当者との打ち合わせ
退勤 18:00	●当日の記録作成，他の教員との情報共有（パソコン上でケース資料入力） ●部活動の試合，所属団体に関する業務，他校の担当者との打ち合わせなど ●次の日の授業準備 ●机上整理

生徒がいる時間も，学習指導以外の業務が多い。

1年・1週間・1日の流れと過ご

1年間の見通しを立てる

繁忙期とそうでない時期は担当する学年によって，異なります。1年生は，年度はじめにおいて新しい環境設定や授業の流れを構築するのに大きな労力が必要ですし，卒業学年は2学期後半から3学期が進学，卒業を控えて様々な書類作成や進路先との連絡，引継ぎ，卒業式と非常に忙しくなります。

その他の学年は，一般的には各行事前の時期に業務が増えます。

年度当初に，担当する学年の年間行事予定を確認します。特に，大きな行事は，運営上必要な事項や事前・事後学習の取組などに関して把握し，計画的に実施することが必要です。

日頃から少し余裕があるときに，前倒しでできる仕事に取りかかることや，教材をまとめて作成するなど時間を有効に活用しましょう。また，長期休業の活用も重要です。特に，夏季休業中には，1学期の振り返りとともに，年度末までを見通した準備をしましょう。まとまった時間が取れるため，研修や教材作成などにもじっくり取り組めます。児童生徒の相談や，授業研究を周囲の教員と一緒に行い，連携を深める時間も取れるでしょう。また，休暇等を活用して心身を休め，学校以外のことにも目を向けて体験したり，学んだりする機会もあるといいですね。教師も学習者として学び続け，自分を磨いていく姿勢も大切です。

最初が肝心！　学級内のルールを構築する

新年度，出会った児童生徒とできるだけ早く人間関係を構築し，学習環境を整えることが大切です。4月中にはある程度落ち着いた学級づくりができることを目指しましょう。

教室における児童生徒の行動などのルールを設定しましょう。「人間関係に関するルール」「基本的な生活習慣」「物の扱い」「時間」などの側面から，児童生徒の発達段階や生活年齢に応じた内容を設定します。数が多すぎると児童生徒が守れずに叱られることが増え，ルールが定着せずに混乱するので精査しましょう。

主に，「挨拶」「身だしなみ」「報告」「依頼」などの習慣化を目指します。ルールをイラストなどとともに教室内に掲示し，児童生徒にわかりやすくすること，毎日の生活の中で場面を設定し，繰り返し取り組んでいくことが大切です。児童生徒が期待する行動をしたときはすぐに褒め，教師が手本となる行動を率先垂範します。教員間で児童生徒に期待する行動規準をすり合わせて，同じ対応をして定着を図ります。

し方アドバイス

稗田　知子

小さなゴールを設定し，計画的に業務を遂行する

4月入ってすぐに年間指導計画を整え，児童生徒の実態把握をし，個別の指導計画を作成します。概ね4月下旬から5月に保護者との面談があります。各教科の単元がある程度まとめに近づく6月中旬頃に授業参観がある学校が多いです。1学期の1つの山場としてこの授業参観に向けて各授業を組み立てていくことが1つの目安になります。この時期に保護者に学校の取組を理解していただくことは重要です。その後は1学期のまとめに向けて取り組み，2学期は大きな行事が複数ありますので，各行事を小さなゴールにして計画すると見通しが立てやすいです。3学期は，次年度の0学期とも言われます。学習面はその学年の3学期の計画を実施しながら，分掌や学年事務などは，3学期はほぼ次年度の準備をしていると言えます。

1週間の中で業務量を調整する

教員の業務内容は，日頃の指導だけでなく，分掌業務や行事などの準備など多岐にわたっています。前週のうちに週ごとの指導計画で学習面の内容や必要な教材などの準備について確認します。諸会議で自分が提案する事項があれば，その資料作成などもあります。1週間の下校後の会議予定を確認し，いつ何をするのか，計画を立てましょう。業務量が増えている時期は，退勤時間がどうしても遅くなりがちです。しかし，自分の健康が第一です。前日に遅くまで業務を行ったら次の日は早めに退勤するなど1週間の中で調整しましょう。

準備，片付けも1日の業務の中に入れる

朝，出勤したらまず教室の換気や安全面などを確認します。その日の児童生徒の欠席連絡や，教員の態勢などを確認し，放課後に取り組む業務も書き出しておきます。メールや業務ポータルサイトは出勤後すぐ，児童生徒の下校後，退勤前など時間を決めて定期的に確認します。多忙であっても児童生徒の指導や保護者対応などについては，できるだけ対面で情報共有したいものです。その分，事務連絡や資料確認などはパソコン上で行い効率化を図ります。パソコンのデータ整理，机上整理も1日の業務の1つとして時間を設けます。個人情報などのデータや書類の管理を徹底するとともに，物を所定の場所に戻す，ラベリングしてわかりやすくするなどを習慣にして，物を探す時間を減らすことも業務の効率化につながります。

Contents

第１章
必ず成功する！ 新学期の準備と基礎知識

6月

7月

8・9月

第1章

必ず成功する！
新学期の準備と基礎知識

担任仕事と校務分掌

小原　由嗣

教師が学校で行う仕事には，担任仕事と校務分掌，授業づくり，所属学部・学年の業務など様々あり，広範囲にわたります。

ここでは担任が行う基本的な仕事と校務分掌について述べます。担任が行う仕事には，児童生徒を理解し，教育していくために様々な業務があります。また，学校組織を動かしていくために必要な業務として，校務分掌があり，その中の業務を分担して行うことが求められます。さらに，所属する学部・学年ごとに分担して業務を進めていきます（詳細は次項）。

担任の仕事

学校に着任すると所属する学部，学年，学級などが示されます。学級担任としてのスタートです。下の表に主な担任の仕事を示しました。作成する書類については第２章の「みとりと個別の指導計画」の項目にくわしく示してあります。新年度の準備に関してはチェックリストなどを用意して，組織的に行う必要があります。それらに基づいて漏れがないように準備しましょう。

主な年度当初の準備

児童生徒の情報の整理	昨年度からの引継ぎ資料（新入生の場合，就学相談等の資料）や保健関係の情報の整理
児童生徒の各種指導計画の作成 個別の指導計画，個別の教育支援計画など	（詳細は第２章の「みとりと個別の指導計画」の項目）
連絡帳や健康の記録等の準備	様式や記入方法，チェック項目などの確認
配付物及び提出物を管理する記録簿	配付物のリストと枚数の確認，提出物を確認する記録簿やチェック方法の確認
教室整備　机や椅子の数，サイズの確認，配付ボックス，ロッカー，棚の整理，防災グッズの把握，パーテーションなどによる構造化など	使用する教室の準備全般。各校のルールにのっとって行う。物品や文具などの確認はもとより掲示，環境整備を適切に行う。
時程や時間割の確認	１日，１週間，学期，年間のスケジュールを確認

校務分掌

学校では組織的に経営していくための「校務」を分担して行うために校務分掌を設定しています。下の表に主な校務分掌を示しました。各校の実情（障害種別や教員数など）によってまとめたり分野ごとに分離したりすることがあります（例えば，生活指導部とスクールバス部，保健部と給食部，医療的ケア部など）。

学校に着任したら，学年，学級ともに所属する校務分掌が示され，会議が開催されます。そこで業務分担や業務内容が示されるので，分掌主任からの指示を聞き，同僚と協力して，スケジュールを確認しながら業務に取り組みます。年度当初は，どの分掌も児童生徒を受け入れるための様々な事務仕事や年度末に発注した物品の納品，仕分けなどがあります。業務分担表などを参考に，よく内容を理解して円滑に業務を進めることが大切です。

主な校務分掌の例

名称	主な業務
教務部	教育課程の管理・実施（教育課程の届け出，年間指導計画，個別の指導計画など） 諸帳簿（出席簿，指導要録など）の管理 儀式・式典，学級編制，教室配置，教室備品の管理，特別教室の使用割り当てなど
生活指導部	安全指導，防災，避難訓練，通学指導，環境整備など
進路指導部	就労に関する職場開拓，通所施設等の利用調整（高等部），上級学校・学部への進学（小・中学部）に関すること
支援部	入学相談，就学相談，支援機関との連携，支援会議
行事部	運動会，体育祭，文化祭，学習発表会などの運営
保健部	保健指導に関わること全般　養護教諭との連携など
給食部	給食の運営全般　学校栄養士・栄養教諭との連携など
研究・研修部	各校でテーマを決めて行う研究活動や，研究図書の管理，若手・中堅教員の研修についての進行管理など
情報教育部	校務で貸与されるパソコンの管理や校内サーバーなど情報の管理・運用 ICT 機器の管理，ICT 教材の活用推進など
スクールバス部	スクールバスの運行に関すること（運行表，コース，バス停などの策定） 生活指導部で通学指導とともに行うこともある。
総務部・庶務部	上記の内容を特定の部署で行うことが難しい場合などに置くことがある。 物品の管理や文書事務，行事などを担当する。

学校の中で担う仕事
～授業づくり，学部・学年の仕事～

小原　由嗣

授業づくり

授業づくりは教師の仕事としてもっとも重要なものの１つです。そのため，授業づくりには綿密な計画，適切な準備，十分な教材研究を行う必要があります。

❶ 授業づくりの手順とポイント

- 年間指導計画の作成：昨年度の資料や，当該児童生徒の到達度を確認しながら年間の授業時数にのっとった授業計画を立案します。
- 単元計画の作成　　：単元ごとに計画を立てます。このとき，その授業を行う時期や各単元のつながりを意識して学習効果が上がるように計画します。
- 授業案の作成　　　：各授業の学習指導案（略案）を作成します。個々の児童生徒をどのように分担して指導するか，配置や進め方などを示します。
- 授業を実施　　　　：授業中の児童生徒の様子をよく観察し，授業後に記録します。
- 授業内容の評価　　：行った授業の内容を振り返り，児童生徒の様子や活動の様子から立てた授業のねらいの達成度を評価します。
- 次回授業案の作成　：授業の改善点を確認し，単元における次回の授業案に反映させます。

❷ 授業の評価の観点

- 児童生徒理解　　　：一人一人の児童生徒を理解し，大切にしようとしているか
- 授業規律　　　　　：学習集団がルールを守り，授業に参加しているか
- 進め方，指導技術　：児童生徒が「もっと学びたくなる」授業を展開しているか
- 教材解釈・教材開発：教科に関連する学習内容を理解し，それにふさわしい教材を使用（開発）しているか
- 学習評価　　　　　：授業における評価の観点が明確に示されていて，適切な学習評価をしているか

❸ 教材研究

担当する授業の内容をより充実させるために，日頃からの教材研究が大切になります。

各種のアセスメントから導き出される課題に基づいて教材をアレンジすることで，学びの個別最適化が図れます。また，障害特性に合わせた視覚的にわかりやすい提示方法や，手指の巧緻性に合わせた操作しやすい（または操作しにくい）教具（補助具）の作成など，児童生徒に合わせた教材を研究することは，とてもやりがいのある大切な取組です。日常の指導の中ではもとより，長期の休業中に自己研鑽することは教師の喜びでもあります。

学部・学年の仕事

学校では，分掌組織以外にも所属する学部・学年ごとに分担して業務を進めます。

学部・学年ごとで行う体育祭，文化祭，校外学習や宿泊行事をはじめとした様々な教育活動を行うための業務や各分掌から指示された業務（通学指導，給食，保健管理など）を学部・学年内で分担して行います。

また，各教科や各教科等を合わせた指導（生活単元学習，作業学習など）において行う単元に基づいた役割分担もあります。

学部・学年で取り組む業務の例

項目	主な業務内容
行事	全校で行う行事（文化祭，体育祭，作品展，販売会など）の学部・学年の演技・競技等の企画立案と実施 校外学習，移動教室，修学旅行などの企画立案，実地踏査，実施
生活指導	日常または学期はじめの通学指導，環境整備など
教材・物品の管理	各教室で使用する物品の振り分けや管理，不足分の補充など 共有教材の管理，必要な教材の購入など 予算執行（教材・物品等の購入手続き）
卒業，進級に向けた単元	卒業，進級単元の設定（卒業式練習，進級を祝う会など）
給食関係	取り皿や自助具，配膳方法，アレルギー食材，特別食などの確認
保健関係	健康診断，各種健診の進行，提出物の管理
進路指導	現場実習，進路見学，三者面談など
各教科・各教科等を合わせた指導	予算編成と物品購入，教材等物品管理，販売会など
各種おたより	学年だより（週１回，月１回に学年の様子や行事や学習等の持ち物などを伝えるために発行する），行事や特別な活動に関するお知らせなど

個人情報の管理

小原　由嗣

自治体において個人情報管理のルールが定められており，それを受けて各教育委員会において管理規定が示されています。学校はそのルールを順守するために，個人情報管理規定等を作成し厳しく管理することが求められています。個人情報についてはその重要度から，例えばＳⅠからＳ３までのランク付けをするなどして，持ち出しや保管方法などについてルールを厳格に設けて管理しています。

基本的な取り扱い上の注意

個別の指導計画や個別の教育支援計画，指導要録など個人情報が含まれる書類は原則，鍵のかかる書庫に保管します。保管場所からの持ち出しができない書類については，自ずと作成場所も決まってきます。その際は教室や自宅などで作成することが難しくなります。

電子データの取り扱い

学校の共有サーバーの中で個人情報管理を行う際のセキュリティーレベルを上げるために，パスワードを作成して保管することを基本としている場合もあります。

また，個人に貸与されているパソコン内での個人情報の取り扱いは慎重に行うことが求められます。自治体や教育委員会，学校から示されるルールを順守し，デジタルの情報を適切に管理しましょう。貸与されたパソコンの持ち帰りについても明確なルールが示されています。紛失や情報漏洩につながらないよう適切な管理が必要です。

現在は，スマートフォンなどの普及によって手元に様々なデジタル機器の記憶媒体がありますが，気軽に児童生徒の写真を撮ったり，連絡先などの情報を保存したりしないことなど，学校等のルールを確認してスマートフォンやタブレット端末を扱うことが大切です。

電子メールや SNS における個人情報の取り扱いについて

外部との電子データのやりとりに個人情報が含まれる場合には，管理職の許可を得てから行うことが基本となります。現在は様々な SNS がありますが，その交信手段を使っての情報のやりとりについても注意が必要です。個人で行っている SNS 等への投稿は厳しく規制されている場合がほとんどです。自分が職場で扱っている情報は，大変重要な個人情報や守秘義務を伴うものだという意識を強くもちましょう。

管理すべき個人情報の例

分類	管理方法	分類	個人情報の具体的内容
S1	持ち出し禁止	人事服務関係	○教職員健康診断一覧表　○履歴カード　○人事関係書類　○給与関係書類
		学籍関係	○指導要録（学籍に関する記録），その写し及び抄本　○出席簿　○卒業証書授与台帳　○転退学受付（整理）簿　○転入学受付（整理）簿　○就学児童生徒異動報告書　○休学・退学願等受付（整理）簿　○教科用図書給付児童生徒名簿　○要・準要保護児童生徒認定台帳　○督促等原議　○補助金関係書類　○奨学金関係書類
		成績関係	○指導要録（指導に関する記録），その写し及び抄本　○評定一覧表　○進級・卒業判定会議録・会議資料　○定期考査素点表　○成績に関する個票等
		指導関係	○事故報告書・記録簿　○生徒指導・特別指導等記録簿　○教務手帳
		進路関係	○卒業生進路先一覧等　○進路希望調査　○進路指導記録簿　○入学者選抜に関する表簿（願書等）
		健康関係	○健康診断に関する表簿・歯の検査表　○心臓管理等医療情報
S2	持ち出す都度，校長等の承認を得る	人事服務関係	○出勤簿　○旅行命令簿　○休暇職免等処理簿
		成績関係	○通知表　○定期考査答案用紙　○児童生徒作品・作文・レポート等
		指導関係	○指導カード（児童生徒等理解カード）　○教育相談・面接の記録・カード等　○個別の教育支援計画　○個別の指導計画　○週ごとの指導計画（個人情報が含まれるもの）　○児童生徒等の個人写真
		進路関係	○調査書　○推薦書
		健康関係	○児童生徒等健康調査票　○健康保険証の写し
		その他	○児童生徒等名簿　○住所録
S3	包括的に許可	校外で使用する必要があるもの	○緊急連絡先，校外学習などのしおり，迷子カードなど

日頃の記録
～子供の状況・提出物～

小原　由嗣

担任として学級経営を行う際，日常の記録を行うことはとても大切です。児童生徒の様子はもとより，保護者からの連絡事項，要望，同僚との引継ぎなど多岐にわたります。学校で定められた記録は，共有することを前提に，正確にわかりやすく簡潔に記しましょう。

その他，授業の記録や保護者とのやりとり，他の教員との情報共有などは，自らの手帳や校務用のノートを用意して時系列で記録しておくことが，その後の業務を確実にまた円滑に進めるための手助けとなります。今は，パソコンやスマートフォンの，スケジューラー，メモ機能などを活用して，素早く機能的に記録している事例もあります。ただし，どの記録においても個人情報が記載されているものの取り扱いは，「個人情報の管理」の項目で示したように保管を適切に行い，第三者に見られないようにしたり，紛失しないようにしたりするなど慎重な取り扱いが求められます。また，内容についても，人権上問題がない記述や，客観的な内容にとどめるようにすることが望ましいです。様々な場面での記録は一定の証明や証拠となりうることを覚えておくとよいでしょう。

担任が日常的に記録・確認する子供の状況

以下について，担任が日常的に記録・確認します。

- 出席簿（欠席理由についても記載）
- 健康の記録　体調（顔色や動きの様子，機嫌など），服薬の有無・記録（定時薬・処方薬），発作の有無や時間など，排せつの有無や時間など
- 連絡帳（保護者からの連絡を確認・担任から授業の様子を伝えるなど）
- 下校方法（自主通学，スクールバス利用）や放課後等デイサービス，移動支援などの利用に関するもの
- 学年，学部等でケース資料として共有するための児童生徒の学習や学校生活の記録，福祉関係，医療関係等の情報

提出物について

学校生活の中で，保護者から提出される書類等の取り扱いは大変重要です。紛失や個人情報の流出は大きな服務事故となります。それを防ぐために，提出簿を用意し記録するとともに受領したことを連絡帳等に記録します。書類の配付と受け取りは保護者との信頼関係においてとても大切です。教員同士でダブルチェックをすることで，ミスを防ぐことができます。

連絡帳の例（知的障害特別支援学校）

<table>
<tr><td rowspan="6">月
日
（　）</td><td colspan="3">家庭から</td><td colspan="3">学校から</td></tr>
<tr><td colspan="3">週末は○○へ出かけました。
○○や○○などをして楽しみました。
少し疲れ気味です。</td><td colspan="3">体育の時間はリトミックでいつもより少し元気がない様子でした。昨日の疲れが出たのかもしれません。給食はよく食べ，午後は元気よく過ごしていました。…</td></tr>
<tr><td>提出物</td><td>移動教室参加表</td><td>受取りました
○</td><td>配付物</td><td>給食だより</td><td>受取りました</td></tr>
<tr><td>健康面</td><td colspan="2">良　（排便　7：00　）</td><td>健康面</td><td colspan="2">（排便　12：30　）</td></tr>
<tr><td>その他
（持ち物等）</td><td colspan="2"></td><td>給食</td><td colspan="2">◎　○　・　△</td></tr>
<tr><td>下校方法</td><td colspan="2">【 SB ・ 迎え 】
※放課後等デイサービス・ヘルパーの場合
施設名等：</td><td>その他
（持ち物等）</td><td colspan="2"></td></tr>
</table>

下校方法は毎日必ず記入するよう保護者にお願いします。

その日の様子を簡潔に，保護者の気持ちに寄り添って書きましょう。

※提出物・配付物や健康の記録（体温，食事など）を別様式にして管理する学校もあります。

気をつけたい提出物

- 事務室関係　就学奨励費などの書類（個人情報のため，厳封されたまま事務室（経営企画室）に提出する場合が多い）
- 保健関係　保健に関する医師管理表（服薬やアレルギー，運動制限など）
  健康観察カード（宿泊の数日前からつけ始め，健康状態を確認する）
  ※コロナ禍を経て，感染症流行時などに使用する場合もある。
- 独立行政法人日本スポーツ振興センター災害共済給付申込書
- 給食の欠（喫）食届　給食の有無，給食費に直接関わる
- 校外学習，移動教室，修学旅行等の参加申込書など

報告・連絡・相談

米谷　一雄

仕事を進めるうえでの報告・連絡・相談の重要性

学校現場に限らず，仕事をするうえでは，報告・連絡・相談が重要となります。特に，学校は組織で動いていますので，情報を共有し個人で抱えることなく，組織としての対応に移行していくことが重要です。些細なことでも構いません。学校では，日々，いろいろなことが起こります。子供のケガや事故が起きた場合などは，迅速な対応が求められます。１人で抱え込まず，組織として対応するためにも，日頃から報告・連絡・相談を意識しておきましょう。

限られた時間で必要なことを伝えるために

報告・連絡・相談を行ううえでは，短い時間で必要なことを伝えることが重要です。ポイントとしては，５Ｗ１Ｈが基本になります。企画や提案，事故や地域・保護者からの意見や要望など，報告する案件は多岐にわたります。書類の作成や聞き取りを行う際も，５Ｗ１Ｈを意識し，整理できるようにしておくことが大切です。また，このことは，授業や指導の際にも，わかりやすさにつながりますので，必要な力として身につけておきましょう。

5W1H

When(いつ)	Where(どこで)	Who(だれが)
○月１週目の１週間行います	正門付近の入り口で行います	各学年委員が一日交替で行います
午前8時から8時30分まで行います	校舎内下駄箱の前のフロアで行います	生徒会役員が全員で行います

What(なにを)	Why(なぜ)	How(どのように)
朝のあいさつ運動を行います	あいさつの向上を目指します	啓発動画を作成して呼びかけます
生徒会のPR活動を行います	生徒会のことをより知ってもらいます	目安箱やポスターを作って呼びかけます

報告・連絡・相談の使い分け

報連相と一括りにされますが，それぞれに意味合いは異なります。気軽なことから重要なことまで，様々な案件に応じて使い分けていきましょう。

❶ 報告とは

報告は，仕事の進捗状況や成果，保護者や地域・関係機関からの意見や指摘などを管理職や主幹教諭，先輩教員等，組織に伝えることを言います。社会人として組織に在籍する以上，報告は義務と言っても過言ではありません。特に５Ｗ１Ｈは，報告のときに必要となります。成果を報告するときは，気持ちも高揚しますが，事故や間違いのときには，気が重くなることもあるでしょう。時間が経てば経つほど，問題は大きくなる可能性もあります。大切なことは，速やかな報告が解決への近道になるということです。

❷ 連絡とは

連絡は，仕事を進めるうえで情報やスケジュールなどを関連する人や分掌で共有することになります。周りの人に仕事の状況を知ってもらうことで，助けてもらうこともできます。連絡で大切なことは，ちょっとしたことでも後回しにすることなく，学年主任や分掌主任等に伝えることです。特に，連絡帳での保護者からの記載については，些細なことと捉えずに，連絡を入れ，情報を共有するようにしてください。

❸ 相談とは

相談は，判断できないことや仕事が進まず課題や問題点が出てきたときに，管理職や他の教員から意見をもらい取り入れて一歩前進を図ることができます。また，悩んでいることや不安なことも話をしておくことは大切です。人の悩みは，言葉にしないとわかりません。相談については，まず，同じ職場で話のしやすい人に話してみましょう。内容によって，直接アドバイスをもらえたり他の人につないでもらえたりするでしょう。

☆報告・連絡・相談はコミュニケーションとも密接に関連します。

〈報告・連絡・相談のポイント〉

- 報告：事実や正確な情報を，整理して簡潔に伝える。
- 連絡：些細なことでも，ためずに，周囲と情報を共有する。
- 相談：１人で悩まず，言葉に出して伝える。

管理職・同僚との コミュニケーション

米谷　一雄

コミュニケーションの重要性

学校現場には，様々な人間関係があります。管理職や主幹教諭や経験のある先生，同世代の先生など，そこには，必然的にコミュニケーションを取る場面が生まれます。また，特別支援学校は，複数で担任を受け持ったり，授業もTT（ティームティーチング）で行ったりすることが多いため，適宜打ち合わせをしながら仕事を進めることになります。コミュニケーション1つで，仕事の仕方も効率も効果も変わってきます。

コミュニケーションのある職場は，心理的安全性が保たれる

心理的安全性（個人やグループが自由に意見を表明したり，アイデアを提案したりすることができる状態）のある職場は，働きやすさがあり，何よりも他者とのコミュニケーションを図ることができます。先生同士が，自分の考えや感情を表現し，意見の相違に対してもオープンに受け止めることができれば，自然と風通しがよくなります。人はだれでも話しやすい人もいれば苦手だと感じる人もいるでしょう。しかし，仕事場である以上，話をしないとならないこともあります。怖がらずに，できる限り自分からコミュニケーションを取るようにしましょう。

職場でのコミュニケーションのいろは

一言にコミュニケーションと言っても，場面や相手によって，内容や気持ちのもち方も違うものです。ここでは，そのような場面や相手に応じたコミュニケーションを紹介します。

❶ 管理職とのコミュニケーション

校長先生とは，自己申告の面接や研究授業の指導・助言の場をコミュニケーションのチャンスと捉え，自分のよさを知ってもらう機会にしましょう。次に，副校長先生，教頭先生とは，日頃から話をする機会があると思います。職員室の担任とも言われる所以は，先生方を一番身近に見られる存在だからです。報告・連絡はもちろんのこと，勤務に関することやキャリアプラン等，相談をもちかけてみるとよいでしょう。管理職は多忙でもありますので，前もって「相談できるお時間はありますか？」と聞いて，時間の調整をしておくようにしましょう。ただし，緊急なことは躊躇しないようにしてください。

❷ 同僚（経験のある先輩や主幹教諭・学年主任等）とのコミュニケーション

仕事のことで，頼りになる存在です。初任者として右も左もわからないときには，遠慮なく声をかけることを勧めます。待ちの姿勢でいると，お互いに気を遣うことになります。まずは，気持ちのよい挨拶を心がけると印象がよくなります。関係ができてくると，いろいろな話ができるようになります。たくさんのことを吸収できる機会でもあり，仕事の幅が広がることにもつながります。どの職場にも，自分にとって話のしやすい人は見つかりますので，積極的にコミュニケーションを図っていきましょう。ただし，タイミングは大切です。何気ない立ち話も上手に活用してみてください。

❸ 同僚（苦手な人）とのコミュニケーション

一言で言えば，割り切ることです。担任，授業，分掌等で話をしないとならないことは，仕事上のことと割り切り，必要なことについて，情報の共有を図るようにしましょう。また，意見が噛み合わないときやぶつかるときは，身を引くのではなく，❷にあげた先生に入ってもらい，折り合いをつけていくことも大事です。特に，子供の指導については，十分な意見交換が大切です。また，いろいろな考え方があると捉えることで，自分にとっての見方や考え方が広がる可能性があります。はじめから否定するのではなく，まずは，耳を傾けてみてください。十人十色，どこの職場にも，様々な人がいます。コミュニケーションの幅を広げていきましょう。

子供の実態把握と引継ぎ

川上　康則

情報収集の進め方

特別支援学校に通う子供たちは，それぞれのできることや次の課題（できそうなこと）が個々に異なっていたり，発達の偏りから指導内容を絞り込むことが難しかったりします。効果的な指導を考える際には，前年度までの情報をふまえたり，実際に出会ってみて感じたことをもとに情報をまとめたり，家庭状況等の関連を考えたりするプロセスが欠かせません。

情報収集の進め方は以下の通りです。

❶ 基本情報を整理する

年齢，障害名，出生時からの生育歴，療育や教育の経過などの基本情報をまとめます。

❷ 家庭状況・地域生活の概要を整理する

家庭で主に関わりがある人，放課後等の過ごし方に関与している人，長期の休みのときに利用している福祉サービスなどの情報をまとめます。子供によっては，学校とそれ以外の場で見せる姿やできることが異なることがあるので，関係者間の情報共有が必要です。

❸ おおよその発達段階とバランスを捉える

粗大運動・微細運動・言語の理解や表出・模倣・対人意識・情緒の安定性などの情報をまとめます。このときに，ただ単に「できる」と「できない」を羅列するのではなく，おおよその発達レベルを捉え，アンバランスの大きさも把握しながら教材選びを考えるようにします。

❹ 障害や行動の特性を教育課程や学年集団の特徴と関連づける

障害や行動の特性に関する情報は，関わりを考えるうえで役立ちます。例えば，好きなことや得意なことがわかれば，授業の中で活躍できる場面を事前に想定することができます。苦手としていることがわかれば，それに合わせて学習の形態（大集団よりも小集団，場面限定の参加）などを工夫することができます。

すべての教育活動は「実態把握」から

集められた情報をもとに子供の学習面・行動面・心理面等の状態を的確に捉えることを「実態把握」と言います。“的確に”捉えられるかどうかは，個々の教師の「読み取り方」次第なところがあります。例えば，「イライラして相手を噛んでしまう」という行動が見られる子供がいるとします。理解が浅い教師は「人を噛むなんてとんでもない」と考え，強く叱る，謝罪させる，反省させるなどの指導を想定するでしょう。

しかし，これでは威圧的な指導が正当化されてしまう危険性が生まれます。日々の子供の行動を常に監視し，必要があれば押さえつけるような指導が日常化することも想像に難くありません。子供の方も「周囲から何を求められているのかわからない」「自分の言いたいことが伝わらない」という状況に追い込まれます。これでは，的確に実態を把握できたとは到底言えません。「イライラして相手を噛む」のはなぜ起きるのかという背景要因の仮説立てを行うようにします。

その背景要因として以下のような理由が考えられます。

①触覚防衛反応が強く，自分にとって不都合な場面で本能的に身を守ろうとする
②易刺激性・易怒性が鋭いために情動のコントロールが難しい
③相手に合わせることについて未学習な段階であるために自分のペースに固執しやすい
④言語の表出に課題があり，負の情動（不安・心配・怒り）をうまく表現できない

このように捉えることができれば，アプローチも変わります。①は触覚防衛反応の軽減を目指す指導，②は服薬などの医療機関との連携，③は個別教材を使って大人の指示に合わせる学習，④はもどかしさなどを視覚的に示し援助希求スキルを身につけることがそれぞれ目標になります。つまり，実態把握とは，子供のことをどこまで深く理解できているかという，大人の捉え方が問われていると言えます。

前任者からのネガティブな情報に振り回されない引継ぎを

前任者がいる場合，その情報の「引継ぎ」を行うことで年度はじめの不安が軽減されることがあります。しかし，前年度の担任が対象児童に対してマイナスな印象を抱いていた場合は十分に注意が必要です。自分のフィルターを通して，都合よく解釈した情報だけが引き継がれてしまうという危険性が十分に考えられるからです。「あの子にはこんなことで困らされた」などの情報は余計な先入観になりえます。

実態はあくまでも「人によって語られる」ものです。「だれかが語る情報には必ずバイアスがかかっている」ということを常に認識し，自分の目で確かめることが大切です。

教室環境の整備と構造化

川上　康則

教室環境の整備を通して「子供の安心感」をつくる

教室の設計でもっとも大切なのは，子供たちが**「安全と安心を感じられる」**ことです。

そのためには，大人の都合で物の配置を考えるのではなく，徹底的に子供の目線に立つということが大切です。障害がある子供たちの考え方・物事の受け止め方・情報の解釈の仕方など，彼らの文化を理解する必要があります。

例えば，机と椅子は「ここに座りましょう」「あなたの居場所はここです」というメッセージを子供たちに伝えます。その子の名前を記しておけば，座るという行動につながります。しかし，その一方で「この上に乗って立ち上がると，高所に上るという感覚刺激を満たせます」というメッセージとして受け取る子もいます。机の上に立つという行動につながらないようにするためには，椅子の背もたれを壁と近づけて椅子の可動範囲を狭くしたり，パーテーションで仕切って立ち上がるスペースをなくしたりするといった危険への配慮の工夫が大切です。

子供たちは，「物の機能」を通して，居場所・動線など教室の中でどう動けばよいかを学びます。教室づくりは「安心づくり」でもあるのです。

「迷いのない」状態をつくり，事故を未然に防ぐ

教室環境の整備では，子供たちを**「迷わせない」**ことも大切です。

例えば，１つ物が増えれば，子供の混乱につながることがあります。特に大好きなものがあれば，やはり触りたくなるのが子供の心情です。触ってから「ダメ」と指導するようであれば，教師が教室づくりに失敗したということになります。触りたいという衝動性の高い子供がいるようであれば，①カーテンで覆う，②棚に隠す，③引き出しの中にしまう，④鍵をかける，⑤別の場所に移しておくなどを徹底して，子供を振り回さないよう工夫することが必要です。

刺激となるものをできる限り少なくすることで，子供たちも行動を制止されたり，叱られたりするリスクがなくなります。不要な刺激をなくすことで**「あなたはここで安心して行動できます」**というメッセージにもなります。

教室づくりの例　その1

ホワイトボードに枠を書くときは細いマスキングテープを使う。後から修正しやすい。油性ペンやビニールテープは使わない。

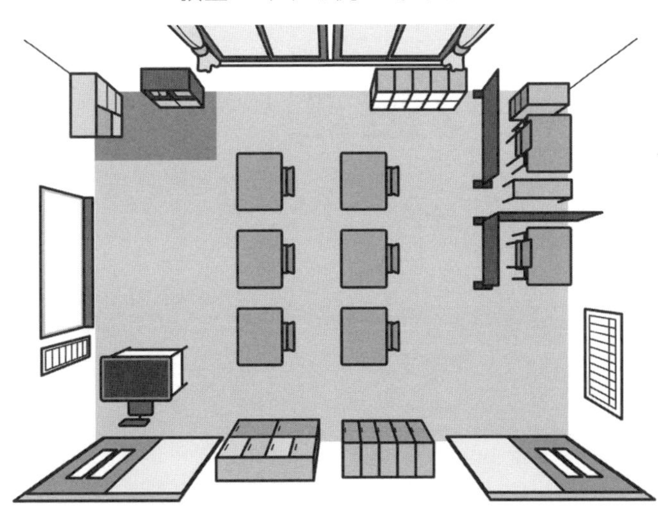

個別配慮が必要な子供のスペース。左側に教材ボックスを置き，机上で取り組み，右側のフィニッシュボックスに移すことを教える。

教室づくりの例　その2

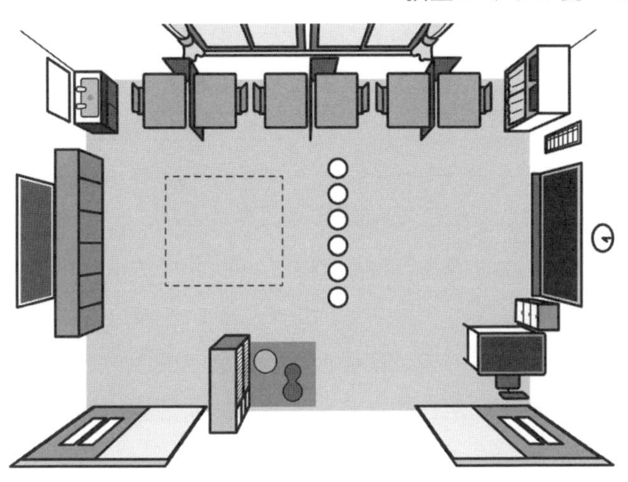

パーテーションがあることで他児が視野に入りにくくなる。自分のエリアも意識しやすくなる。

【参考文献】　●川上康則「教室環境づくりのアイデアとおさえておきたいポイント」『実践みんなの特別支援教育』2024年4月号別冊付録，Gakken

教材・教具の選定

川上　康則

教材・教具選定のポイント

教材・教具を選ぶ際のもっとも大切なポイントは，その子供がどのような「教育的ニーズ」をもっているかを把握するということです。例えば，文字を書く以前の発達段階にとどまっている子供に対してプリント課題を用意しても意欲は出せません。難しすぎると感じさせてしまうからです。その一方で，簡単すぎる課題やすでにクリアしたレベルの課題は，子供を飽きさせてしまうことになります。

「今１人でやり切ることができるレベルの課題」と「次の課題（子供ができそうと思えるレベル，または教師の介入によってできるレベル）」を明確にすることで，その子供にとって無理のない教材・教具のステップを組み立てやすくなります。

課題のレベルを明確にするためには，教育的ニーズの把握が欠かせません。教育的ニーズとは「その子供の発達や成長において必要とされること」という意味合いです。ビジネスで用いられる「顧客のニーズ」のような「直接的にほしいと願っていること」とは少し趣が異なります。障害がある子供の場合，ニーズそのものが言語化されていないことの方が多いため，日常的な関わりやアセスメントを通して「潜在的なニーズを発掘する」ことが珍しくありません。

特に，障害の重い子供たちの教育的ニーズは一見したところ読み取りにくいところがあります。例えば，「指や物を舐めてしまう」という自己刺激行動が目立つ子供の場合，目と手の協応が弱く，瞬間的に視線を向けるという段階にとどまるために「じっくり見る」「物を目で追う」「見分けたり見比べたりする」ことが苦手であるという教育的ニーズがあります。後述するリング抜きやプットイン課題などを用いて，手の動きを目で調節するというステップが発達のために必要になります。目と手を協応的に使えるようになると，舐めるという原始的な行動が少なくなるのです。ところが，このような教育的ニーズが理解できていない場合，指舐めや物舐めをどうやめさせるかばかりに焦点が当たり，問題行動を抑制するという指導しかできなくなってしまいます。

的確な教育的ニーズが読み取れるようになるためには，「個々の子供の発達段階」と「教材の系統性」と「教育的ニーズ」をセットで学ぶ研修が不可欠です。

教材を選ぶ視点・教材を作る視点

子供が，１つの教材の使い方を理解できるようになることで，生活全般の中で求められていることを自分なりに関連づけながら広げていけるようになります。

例えば，○△□などの型はめ課題は，手元にあるはめ板をゴールに正しく運んではめる課題です。教材の使い方を通して，運動の始点と終点が理解できるようになり，最後まで物を把持したまま運ぶという動きを獲得します。その行動は日常生活においても発揮され，リュックを自分のロッカーに運ぶ，靴を下駄箱に正しく戻す，給食の皿をワゴンに戻して同じ種類で重ねるなどの生活動作に応用的につながっていきます。すなわち，教材を使って「できた」という実感を得ることが，他の事柄に対する自信にも結びついていくと捉えることができます。そのように整理できれば，日常生活の中から「次にできそうなこと」を課題レベルとして見出して，個々の教材づくりに生かしていくこともできます。

教材を選んだり作ったりする際には，以下のような視点を大切にします。

- 使い方がシンプルでわかりやすい（子供を混乱させない）
- 具体的で操作可能な内容を取り入れる
- 物は壊れるもの。いちいち叱らない。叱らなくて済むように頑丈に作る
  （例）紙だと破られてしまう➡ラミネートをかければ破られない，でも折られてしまう
  ➡のり付きパネルに貼れば，把持しやすくなり折られることは少なくなる
  ➡裏面にマグネットシートを付けることで，貼ったときに「パチッ」という手応えがある
- 終了したときのフィードバック（音・見た目・手応え）を感じ取って，結果が確認できるような応答性の高い教材を用いる
- １つのやり方を学んだら，それに類似した方法の中で難易度を調整する

教材・教具の具体例

❶ 発達の初期段階の教材

発達の初期段階の場合，動かす方向に手がかりがあるとわかりやすくなります。

←リング抜き課題

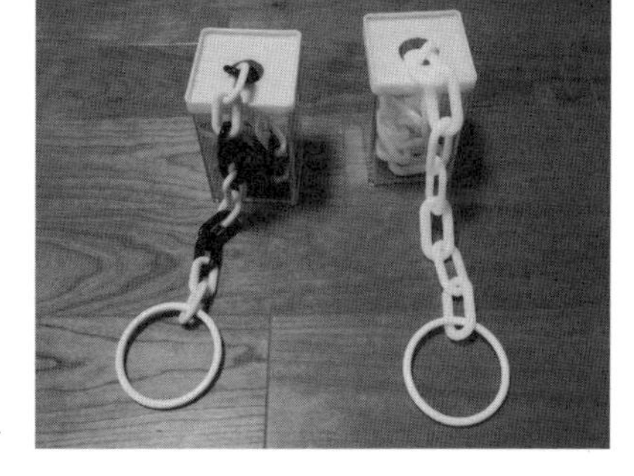

チェーン引き抜き課題→

❷ プットイン課題

❶ができるようになってきたら，ゴールまで手がかりとしてのガイドがなくても持ったまま運べるようになったところで❷を導入します。ゴールに正確に入れ込む課題のことを「プットイン」と言います。

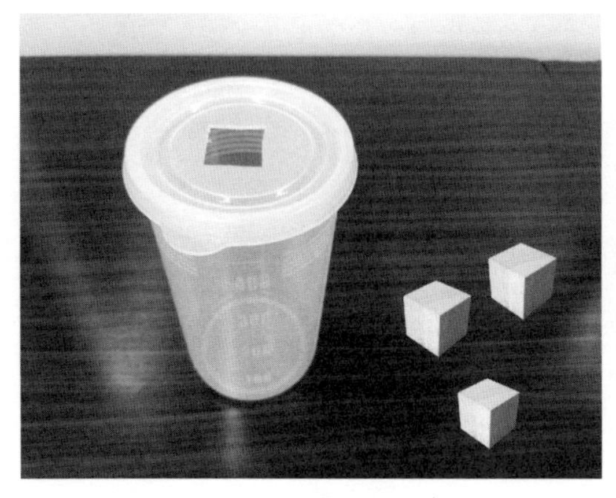

プットイン課題

プットイン課題（楊枝）

❸ 目と手の協応を育てる課題

ブロックをスライドさせて抜き取ったり，フックに引っかけたりする課題は，目と手の協応動作の発達につながります。左図は横幅50cm に設定しています。これは教室の机とほぼ同じ横幅になっており，机上での学習を進めやすくしています。

スライディングブロック課題

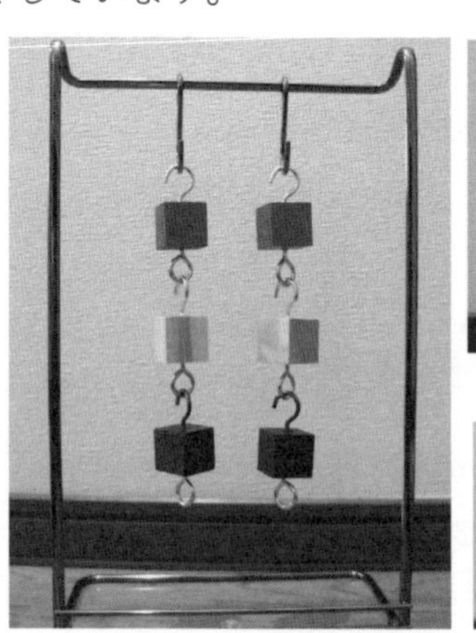

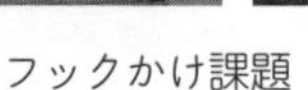

フックかけ課題

❹ 型はめ教材，数の階段教材

文字や数の基礎を育てる教材は，操作したときのフィードバックがしっかりと感じられるものを準備します。例えば，型はめは，終了したときに視覚（ぴったりはまる），聴覚（カチッと音がする），固有感覚（これ以上動かせない）の３つの感覚フィードバックがあります。

型はめ教材（「虹とおひさま」作成）

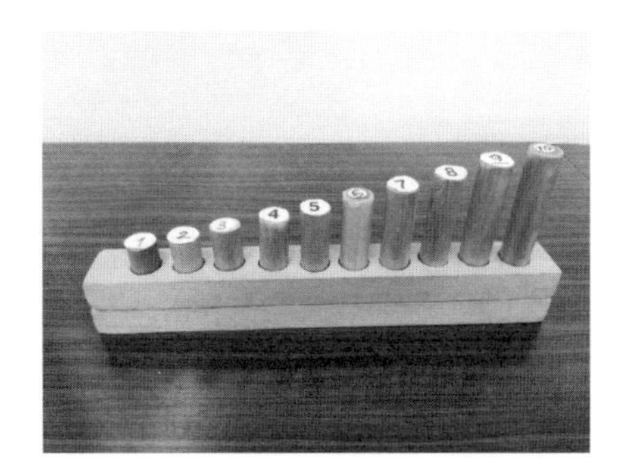

数の階段教材

❺ 位置関係教材

見本と同じ状態を作りながら，位置関係や空間関係を学ぶ教材です。はじめは具体物の操作から始めます。左図は2×2マスの透明なボックスを用いています。上下に重ねると，正誤を確認することができます。右図の平面の教材はラミネート加工し，マジックテープを使います。

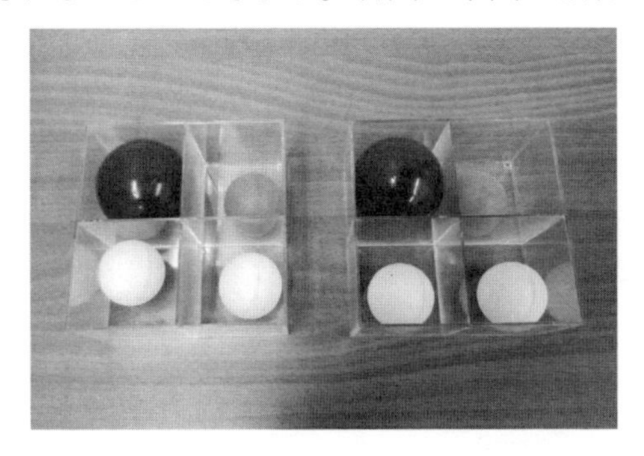

位置関係課題（具体物）

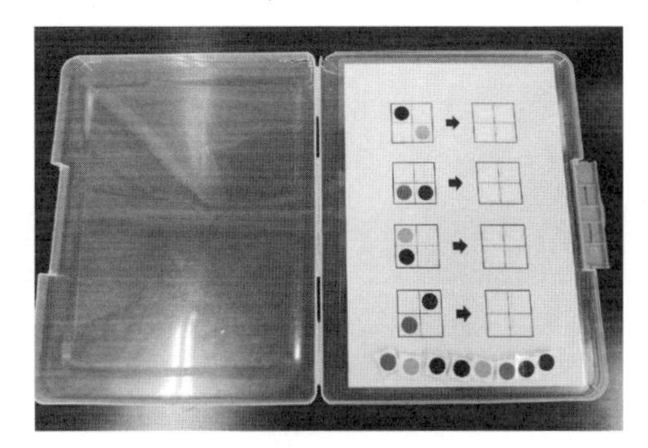

位置関係課題（平面）

❻ 組み立て課題，組み合わせ課題

手順書に従って組み立てる課題は，作業学習などにもつながります。手順書は，その子供の発達段階に合わせて用意します。右図は，数字（3）―数詞（さん）―ドット（●●●）が同じものであることを確認できる組み合わせ課題です。ダブルクリップで留めます。

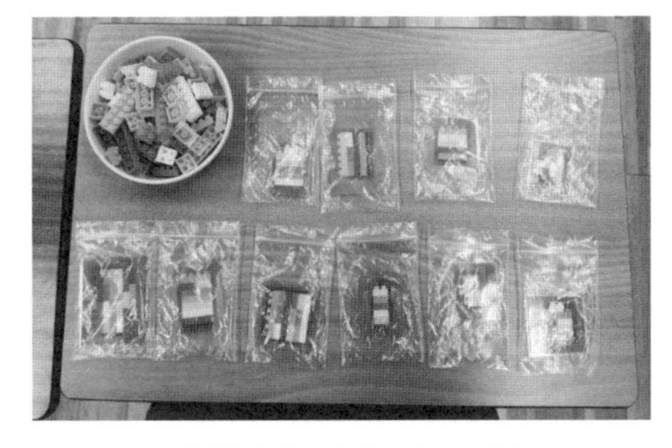

手順書を用いた組み立て課題

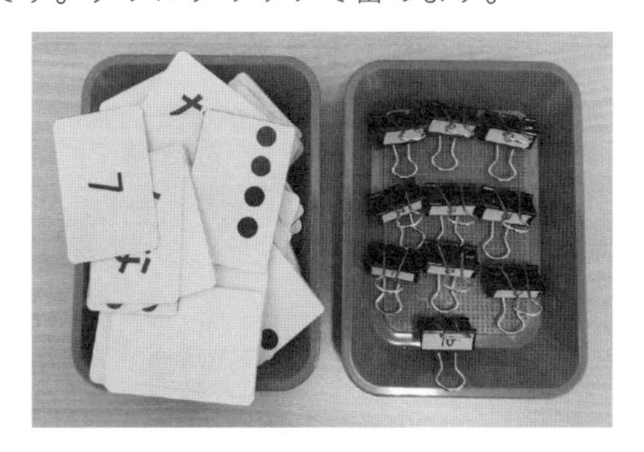

数字・数詞・ドットカードの組み合わせ課題

学校事務作業と書類の整備

小原　由嗣

学校事務

学校の事務作業を進める際に，１年間の見通しをもつことが大切です。

年間行事予定と各書類の提出期限をふまえて準備を行うことで，自らのスケジュールを円滑にマネジメントするとともに，児童生徒指導や授業づくりに余裕をもって取り組むことができます。その業務を適切に進行管理するためのスケジュールの把握と手順や作成すべき書類の種類と作成意図を十分理解して取りかかることが大切です。

担任が作成（または作成に関与）する文書の例

項目	文書名（自治体によって異なる場合がある）
教務関係	提出物の管理簿の整備 出席簿の整備（紙媒体と電子処理の両方がある） 指導要録の必要事項記入 学級経営計画（学級の年間指導計画） 個別の教育支援計画（キャリア・パスポートの連動） 個別の指導計画 担当授業の年間指導計画・単元計画，４月当初の授業略案など
保健・給食関係	健康診断簿 健康観察表等 欠食（喫食）届（事情があって欠席する児童生徒の給食の取り扱い） 保健の記録（児童生徒の健康上の記録）…保護者記入による 健康上の配慮事項・アレルギー等医師の管理指導票
事務手続き	就学奨励費に関する書類 授業料（高等部）に関する書類 学校徴収金に関する書類 スクールバスの乗車・通学に関する書類
就学・入学・転学関係，進級関係	教育委員会からの就学判断の資料 教育委員会からの障害や心理・発達・行動に関する資料 就学前機関（幼稚園，保育園，療育），保護者からの就学支援資料 指導要録，個別の指導計画・評価，個別の教育支援計画・評価

予算の話

学校における費用について基本を理解して取り組む必要があります。

教育活動に使われる費用は，主に公費（国及び各自治体から支給される費用）と私費（保護者が負担する費用）に分かれています。このことを理解し，混同しないようにしましょう。

❶ 児童生徒に関わる費用（例）

保護者から徴収するお金で取り扱うもの（学校徴収金）。

教材費（文房具，教材キット，校外学習等の交通費，入場料，使用料など児童生徒が学習活動で使うもの全般），給食費など。

❷ 公費で支出されるもの（例）

校舎の維持管理費，水道光熱費，教員が使用する教材等や旅費や校外学習等，保健関係，給食調理などに係る費用，教職員の研究・研修などの講師料（報償費）など。

※内容によっては，私費，公費の区別がつきにくい場合があるので，その執行の目的を明確にして予算化する必要があります。

❸ 特別支援教育就学奨励費

障害のある幼児児童生徒が特別支援学校や小学校・中学校の特別支援学級等で学ぶ際に，保護者が負担する教育関係経費について，家庭の経済状況等に応じ，国及び地方公共団体が補助する仕組みです。なお，平成25年度より，通常の学級で学ぶ児童生徒（学校教育法施行令第22条の３に定める障害の程度に該当）についても補助対象に拡充しています。

対象とする経費は，通学費，給食費，教科書費，学用品費，修学旅行費，寄宿舎日用品費，寝具費，寄宿舎からの帰省費などがあります（文部科学省 HP より抜粋）。

保護者の経済状況に合わせて支給額を決める必要があることと（支弁区分認定），支給に関わる私費（学校徴収金）の執行の手続き（教材の購買請求など）があるので，事務室（経営企画室）と連携を取りながら，遅滞ない手続きを行うことが大切です。

入学時に必要な制服や文具などや，通常の授業に必要な教材費，校外学習，修学旅行などに係る費用など，名目が決まっています。このことをふまえて，学校徴収金の予算を立てて適切に執行する必要があります。当該学年の年間行事や学習活動で使用する文具や交通費，宿泊費，施設使用料などを明確にして，就学奨励費の対象になるかどうかを吟味したうえで計画的な執行が求められます。

１日目
子供を迎える出会い

栗原順美子

１日目にすること

❶登校前の準備を行う（教室環境・本日の流れの最終確認）
❷登校から教室へ導く
❸教室ではじめての指導を行う
❹始業式，入学式の指導を行う
❺学級で過ごし下校に導く

環境の変化が苦手な子供にとって，入学，進級は，期待感以上に大きな不安を感じていることに配慮しましょう。始業式や入学式等，登校初日が日常と異なるので，様々な状況を想定し，丁寧な準備が必要です。きめ細やかに準備をすることで，教員自身が落ち着いて，子供を迎え入れることができます。初日が安全に過ごせるような準備を整えて，子供と保護者が安心感をもてるようにしましょう。

１日目の流れ

❶ 登校前の準備を行う（教室環境・本日の流れの最終確認）

〈教室環境のチェックポイント〉

□机・椅子・ロッカー・かご等に，子供にとってわかりやすい表示がされているか
（実態や生活年齢に応じて，記名，色，マーク，顔写真等の個別表記を工夫する）
□名前・顔写真カード（子供・教員），登下校手段やスクールバス一覧表・写真カード
□朝の会で使用する教材類，１日の流れ，場所を示すためのカード
□安全，清潔な教室が保たれているか（高さ，配置，ロッカーの角の安全ガード等）
□当日の配付物の準備

教室は，学校生活において子供の安全基地となります。安全，清潔であるとともに，子供にとってわかりやすく整えてあることが大切です。初日は，保護者も一緒に登校する場合が少なくありません。保護者の気持ちも思い，準備を整えましょう。華美な装飾は必要ありませんが，新年度のスタートにふさわしい教室にしましょう。教室環境の確認後，登校，朝の会，式場への経路，移動の仕方，式後の過ごし方，保護者への説明，下校までの１日の流れを確認します。

❷ 登校から教室へ導く

一人一人と挨拶し，表情，声の大きさから様子をうかがいます。目線を合わせ，名前を呼んでから挨拶してみましょう。はじめて，または，久しぶりの登校です。担任の先生，下駄箱の位置等の変化で混乱する子供もいます。登校時の昇降口は落ち着かない環境であることから，速やかに教室に誘導しましょう。はじめての教員や集団で移動が苦手な子供へは，あらかじめ個別に対応する担当者や活動に見通しがもてるような教室の写真等を準備して対応しましょう。

❸ 教室ではじめての指導を行う

初日の指導で一番大切なことは，子供が見通しをもてるようにすることです。入室したら，自分の机を確認し，まずは着席しましょう。１人ずつカバンから荷物を出し，所定の場所を確認しながら置いていきます。その後，挨拶，担任の紹介，子供の出席確認をします。下校までの予定について，音声だけの指示にならないよう予定や場所のカードを用いながら確認します。初日は，保護者が同席する場合もありますので，参観場所を想定しておきましょう。

❹ 始業式，入学式の指導を行う

式場へは，決めておいた並び順で移動します。式場内での着席で混乱がないよう，座席を事前に把握しておきましょう。進級の場合は，事前に前担任と子供に応じた座席配置を検討すると安心です。式の流れを視覚化したカードを準備すると，子供の見通しに役立ちます。式場では，場所，音量，集団等の環境に不安定になる子供もいます。個別対応が必要な場合の動きを事前に想定し，カームダウンスペースやセンソリーグッズも検討しておきましょう。

❺ 学級で過ごし下校に導く

初日の下校までの過ごし方は，様々です。記念撮影，校内探検等をする場合もあります。下校前は，必ず，トイレの時間を取りましょう。配付物，連絡帳，荷物の取り違えがないよう複数の教員で確認する等，細心の注意を払います。帰りの会では，慣れない環境での子供のがんばりを評価するとともに，明日の予定を視覚支援を用いて説明します。初日は，子供も教員も慣れないことが多いため，時間にゆとりをもって過ごしましょう。下校時は，スクールバス乗務員，放課後等デイサービスの職員等に，簡潔に本日の様子を引き継ぎます。

２日目
保護者からのはじめての連絡帳

栗原順美子

２日目にすること

❶連絡帳について押さえる
❷朝のうちに，すぐに確認する
❸連絡帳の書き方がある～虎の巻～
❹子供に背を向けず，連絡帳を書く
❺連絡帳をカバンに入れる

連絡帳は学校と家庭の連携をサポートし，子供の日々の成長や学校生活での様子を共有するための大切なツールです。学校生活での出来事を伝えることが難しい子供も在籍しています。学校生活での出来事や学習内容，上手にできたこと，課題となったこと等，わかりやすく伝えましょう。後から読み返すと，子供ができるようになったこと，学習の進歩を振り返ることができます。学校にも写しを保存しておきましょう。

２日目の流れ

❶ 連絡帳について押さえる

書式は，学校によって様々ですが，概ね次のようになります。①日付と曜日　②起床，就寝時刻　③下校方法：スクールバス，保護者迎え，放課後等デイサービス学校お迎え　④体調管理（体温・食事量・排せつ・発作等）　⑤提出物　⑥家庭欄　⑦学校欄

多くの学校では，連絡帳をチャック付きのケースに入れて，その中に提出物，配付物も入れてやりとりを行っています。

❷ 朝のうちに，すぐに確認する

朝の会までに，記載内容を確認することが望ましいです。特に，体調，家でのケガ，下校方法をすぐに確認します。下校方法は，カードを準備して一人一人表示することで，間違えるリ

スクが軽減されます。提出物がある場合，だれが何を提出したか，提出物確認票に記録します。家庭欄には，家での様子，保護者が困っていること，疑問に思っていること，問い合わせ等が書かれています。本日中に返事が必要なこと，電話で伝えた方がよいことなど，整理しておきましょう。トラブルに発展しそうな内容等が書いてあった場合，コピーをとって学年主任や管理職と共有します。

月　日（　）			
ご家庭から			
就寝時刻	時　分頃	食欲	あり・なし
起床時刻	時　分頃	排便	あり・なし
下校手段	ｽｸｰﾙﾊﾞｽ・その他（　）		
提出物			
≪様子≫			
学校での様子			
給食の食欲	あり・なし	排便	あり・なし
健康面（発作等）			

❸ 連絡帳の書き方がある～虎の巻～

保護者が，学校での子供の様子を思い浮かべられるような表記にしましょう。入学・進級したばかりの保護者は，学校で子供がどのように過ごしているか，いつも以上に心配をしています。子供が新しい環境の中で，チャレンジしたこと，新たにできるようになったこと，友達や教員とのやりとり等，エピソードを交えながら記載します。わかりやすい内容とするため，①５ＷＩＨを使用する，②誤字・脱字がないか確認する，③略語や業界用語を使用しない，④ネガティブな表現（「暴言」「脱走」等）を避けることを意識します。

また，家庭欄からの問い合わせには，当日，必ず答えるようにします。その場で回答できない内容の場合，「確認して明日お伝えします」等，いつまでに返事をするか書くようにします。ちょっとしたことが，信頼関係につながります。学校でのケガや体調のこと，連絡帳ではうまく伝えられないことは，「後ほどお電話します」と書いておいて必ず電話するようにします。連絡帳は，短時間で書く必要がありますが，保護者とのよいコミュニケーションが取れると，子供の指導がさらに充実できます。慣れないうちは難しいこともあるかと思います。迷うことがある場合は，ベテランの教員に確認をしてもらいましょう。また，先輩の連絡帳を見せていただき，子供を見取る視点，連絡帳の書きぶり（表現方法）を日々，学んでいきましょう。

❹ 子供に背を向けず，連絡帳を書く

授業の合間，給食の前後，昼休み等に書くことが多いです。実は，「教員が連絡帳を書いているとき」が，子供の転倒によるケガ等の事故が起きやすいと言われています。子供に背を向けて，書くことだけに専念しないようにしましょう。

❺ 連絡帳をカバンに入れる

連絡帳は，一人一人の子供の大切な情報が書いてあります。重要な配付物を持ち帰ることもあります。下校時は人や荷物が入り交じる時間帯です。入れ間違い，入れ忘れなどが起こらないよう，早めにやっておくとともに，複数担任の場合，ダブルチェックを心がけましょう。

３日目
集団行動のいろは

栗原順美子

３日目にすること

❶学級の一貫性を確立する～子供にわかりやすい手順～
❷学級開きをする
❸集団行動を指導する
❹ルールに沿って，みんなで行動する

特別支援学校では，一人一人の子供のよりよい成長や発達を促すために，「子供理解」や「授業づくり」を進めます。教員は，子供一人一人の理解と関わりに力を注ぎます。それとともに大切なのが「学級づくり」です。学級は，子供が学校生活において長い時間を過ごす基地となります。集団での行動が苦手な子供もいますが，まずは，「学級」という小さな集団で，安心して，友達と一緒に活動できるようになることが大切です。それが軸となり，学級を超えた小集団，学年，異年齢の集団の中で行動できる基礎となります。

３日目の流れ

❶ 学級の一貫性を確立する～子供にわかりやすい手順～

新学期当初は，子供が学校生活の流れを知ることが大切です。子供が予測でき，一貫性があるように手順を整えましょう。１日の流れには，靴の履き替え，教室での荷物整理，係活動，朝の会，特別教室への移動，給食の準備，清掃，帰りの準備，帰りの会等，様々な活動があります。これらの手順が，わかりやすく決まっていますか？　活動の手順は，写真等を活用した手順表を準備しておきましょう。手順があることで，学級の「一貫性」が確立し，子供が安心して学級で過ごすことができます。子供が，実際の活動を通して，一つ一つ理解できるように，ゆったりとした気持ちで向き合っていきましょう。

❷ 学級開きをする

学級開きは，１年間の始まりの大切な時間です。「この学級は楽しそうだ」と感じられることが大切です。それには「とにかく笑顔」です。子供が明日から「学校が楽しみ」と思えるような活動やボール回し，名刺交換等の友達を意識する活動も取り入れましょう。子供が集団で活動する力をつける軸になるのが安心できる学級です。一緒に過ごす教員，友達を知る時間にしましょう。

〈学級開きの活動例〉
○担任の自己紹介
○子供の自己紹介
・好きなこと，得意なこと等
○学級目標を伝える
（子供と考えることも…）
○個人目標を決める
○学級のルールを伝える
○ミニゲーム（生活年齢等を考慮し，内容を考えておく）

❸ 集団行動を指導する

子供に指導するときは，次の３つのステップを意識しましょう。

１　説明する：手順を伝え，説明し，手本を示し，実演してみせる。
２　練習する：教員の指示のもと，手順を練習する。
３　強化する：再度教え，練習，手順が子供の習慣として定着するまで強化する。

指示するだけでは，指導ではありません。子供が手順を覚えるには，時間がかかります。そして，教え方の工夫や時には手順や指導内容の見直しも必要です。はじめは，指示がよく通り，行動がコントロールできている子供にまず，重点的に関わりましょう。この子供が，他の子供の手本となります。手本を真似できた子供を褒めることもできます。よい行動を褒め，定着させると，学級が落ち着いた雰囲気となり，集団での行動がしやすくなります。

❹ ルールに沿って，みんなで行動する

教室での行動の切り替えには，タイマーを利用し，まずは「タイマーが鳴ったら着席すること」を教えます。学習活動の終了時，「終わります」の言葉かけの前に，タイマーを鳴らし，子供が「終わり」を予測できるようにします。タイマーが鳴ったら椅子に座るというゲームをしてみましょう。また，教室の移動も集団行動のための大切な学習となります。まず，並び順を決め，歩行時は，この順番で，基本的には２列に並びます。小学部低学年は，軽く手をつないでもよいでしょう。バディになる友達を決め，教室でペアで並ぶ練習をしましょう。その後，廊下に出て，校内見学に出かけましょう。並び順を守り，ペアの友達と歩けることを評価します。数か月後，前の人と間隔を保ち，同じ速さで，集団としてまとまって歩けるようになることが目標です。歩行時に配慮が必要な子供には，個別対応等を行います。

【参考文献】　●ハリー・ウォン，ローズマリー・ウォン著・稲垣みどり訳『世界最高の学級経営』東洋館出版社

４日目
子供との関係性構築

栗原順美子

４日目にすること

❶子供の好きなことを知る
❷子供の「強み」を知る
❸できていることを褒める
❹気づいたことを記録し，明日からに生かす

子供一人一人が意欲を高め，学校生活に主体的に取り組むためには，教員とのよりよい関係を築いていくことが大切です。新年度，担当する子供との出会いの前に，引継ぎ資料に目を通したり，前任者から引継ぎを受けたりしていると思います。その情報を頭に入れつつも，目の前にいる子供を改めて自分自身の目で見つめ，向き合いましょう。教員と子供が関係を築くためには，まず，教員が子供のことを知ることが大切です。子供と向き合うことは，その子供を深く理解することにつながります。関わりにおいて気をつけたいのが，生活年齢相応の対応をすることです。特に，中学部，高等部の生徒には，子供扱いしないように関わることが大切です。呼称など，気をつけていきましょう。

４日目の流れ

❶ 子供の好きなことを知る

はじめての子供と出会ったとき，どんな風に接したらよいかは，ベテランの教員も考えます。子供も，担任の先生はどんな人かなと，期待と不安をいっぱい抱えています。まずは，子供と仲良くなりましょう。子供の好きなこと，得意なことを知り，それを糸口にして関わりを深めましょう。日常のことを聞いたり，好きなことについて話したりしましょう。話し言葉でのコミュニケーションが難しい子供の場合は，その子の目線や行動をよく見て，興味のあること，気になることを把握していきます。好きなことを共有できることは，子供との関係を築く手助けをしてくれます。

❷ 子供の「強み」を知る

特別支援学校の子供は，弱いところ，できないところが目立つことがあります。教員は，本能として，それらに目が向き，「気になる」ことでしょう。もちろん，子供の「つまずき」を軽減するための指導も大切ですが，強みを生かし伸ばす指導・支援の方が，子供も教員も手応えを感じやすく効果的な場合が多いです。まずは，子供の強みを見つけましょう。

「強み」というと，得意なことと捉えるかもしれませんが，「好きなことがある」「生活リズムの安定」「いつも機嫌がよい」「笑顔が素敵」「気持ちのよい返事」「挨拶」など，共に学校生活を送る中で，いくつもの強みを見つけることができるでしょう。また，うまく見つけることができない場合は，リフレーミングしてみましょう。見方を変えることで，弱みが強みになったり，指導の大切な手立てとなったりすることもあります。子供の中にある強みを発見できたら，その子にわかるように伝え，保護者にもこんな発見があったと共有していきましょう。子供だけでなく，保護者とも関係が築ける一歩となります。

❸ できていることを褒める

引継ぎ資料等で得た情報から，子供ができそうな個別の学習課題を準備して，取り組ませてみましょう。朝の荷物整理等，子供の実態によって，時間差が生じることも出てきます。そんなときに，自習課題を準備して取り組むのもよいと思います。ここでは，「できること」を準備しておくことがポイントです。褒められることは，子供にとってうれしいものです。子供たちは，新しい学級環境で，教員や友達にも慣れていないので，不安や戸惑いを抱えています。どの子供も，先生に自分の方を見てほしい，認められたいと思っています。そんなときこそ，引継ぎで得た情報を生かし，積極的に関わり，子供をたくさん褒めることができるような時間をもてるように工夫しましょう。よい関係を築くことができます。

❹ 気づいたことを記録し，明日からに生かす

子供の好きなこと，強み，どんな話，どんな活動をしているときに，子供の瞳が輝き，表情がよかったか，学習課題ができたときの様子，褒められたときの様子など，気がついたことを記録しておきましょう。これらのことは，子供との関係を築くのに役立つだけでなく，個別の指導計画に生かしていくことで，より具体的な目標や手立てを設定することができます。また，明日にでも取り入れられるのは，教材づくりに生かすことです。個別課題のプリント等にも生かすことで，子供が興味をもって学習に取り組むことにつながります。また，タブレットが好きな子供は，その機能を上手に活用し，日々の学習につなげることができます。

5日目
1週間の振り返りと週明けの準備

栗原順美子

5日目にすること

❶子供の「今」を自分の目で把握する
❷１週間を振り返り，教室環境を点検する
❸先輩に聞いてみる

１週間を振り返って翌週に生かすことを繰り返すことが，充実した１年間につながります。引継ぎ書類等から情報収集し，実態把握をして迎えた子供と実際に過ごしてみてどうでしたか。うまくいったこと，いかなかったこと等あるでしょう。引継ぎ情報とは異なる子供の姿もあったかもしれません。しっかりと，自分の目で見た「今」の子供の姿を把握しましょう。先輩ともやりとりをし，教室環境の見直し，学習計画など，次週の準備をしましょう。

5日目の流れ

❶ 子供の「今」を自分の目で把握する

学級で子供と過ごしながら，以下のことを観察し，記録しておきましょう。

〈登校から朝の会〉

□下駄箱で靴を履き替えられる
□登校服から体育服への着替えができる
□自分の席がわかる
□挨拶ができる
□呼名に返事，反応ができる
□決められた場所に荷物整理ができる
□服をたたむ，しまう等の管理ができる
□朝の会で着席できる
□朝の会の流れがわかる
□予定表を見て，１日の流れがわかる

〈生活面〉

□排せつが自立，定時誘導等，支援の程度
□手洗いができる，水への過敏
□一定の速度で歩くことができる
□教員や友達と手をつなぐことができる
□安全面への理解の程度
□給食の準備ができる
□自分で食べることができる，支援の程度
□教員の簡単な指示がわかる

〈帰りの会〉

□帰りの支度ができる
□自分のカバンがわかる
□明日の連絡，予定をメモできる
□予定カードから次の日の活動がわかる
□教室から昇降口へ移動できる
□自分の下校方法がわかる

これらのことについて，１人でできるのか，どのくらいの支援があるとできるのかを確認しておくことが次の指導・支援を考えるうえで，大切な情報となります。実際に，子供と関わりながら，把握してみましょう。記録を取るためには，下表のようなフォーマットを作っておくと便利です。詳細な実態把握というよりも，全体的にできるかできないかを把握します。

１枚にまとめることで，学級全員のことがわかりやすくなります。

氏名／項目	○○	○□	□□	☆☆	◇◇
履き替え					
荷物整理					

❷１週間を振り返り，教室環境を点検する

子供が下校したら，記録を確認し，振り返りを行います。複数担任制の場合は，先輩の見立ても聞きましょう。振り返りは，教室で行いましょう。教室で振り返ることにより，子供の動きがイメージしやすくなります。準備した教室環境について，この１週間の状況をもとに，子供がよりわかる・できる状況に，必要に応じてその場で手直しすることもできます。子供の様子も把握できてきたと思います。もう少しでできそうなことを目標に，次週の指導内容を準備します。

❸先輩に聞いてみる

わからないことは，そのままにせず，周りの先輩教員に聞きましょう。わかっていることでも，聞くことで再確認し，理解を深め，認識を新たにすることができます。特別支援学校は，複数担任制であることが多く，共通理解を図ることが大切です。先輩方は，自分たちの経験を生かして教えてくれます。今の自分だからできることに，精いっぱい取り組みましょう。

第2章

必ず成功する！
12か月の仕事術

1年間の見通し

渡辺　裕介

第2章の使い方について

本書は，特別支援学校の１年間の学級経営を12か月という枠組みで説明しています。各月の構成については次の通りです。

今月の見通し	内容
●学校生活 ●学級経営のポイント ●仕事のポイント 等について解説します。	●みとりと個別の指導計画　●行事　●生活に関わる指導 ●保護者や関係機関との連携　●その他 という枠組みで内容を構成しています。 月によって記載がない内容もあります。

特別支援学校の教育課程については学校ごとに異なります。行事の有無や実施の時期なども異なります。ですから，各月の内容の分け方については参考程度とし，各学校の教育課程に合わせて読み替えてください。

また，できるだけ日本全国の方にわかりやすいように内容を構成していますが，都道府県によって異なる取組などもあります。ですから，本書の内容をきっかけとして，ぜひその内容に関係する自校の取組について確認していってください。

1年間を3学期に分けて見通しをもつ

特別支援学校の１年間の中には，物語でいう起承転結のような一連の流れがあります。年度当初のように忙しい時期もあれば，夏季休業もあります。

そこで，次のページに，１年間を３学期に分けて，大まかな流れを整理してみました。各月の内容を読む前に，１年間の大まかな流れを把握してください。長期休業で分けられた学期の中で繁忙な時期ができる理由があります。そうした状況を事前に把握し，次の繁忙な時期を意識しながら効率的に業務を進められるようにしていくとよいでしょう。

〈各学期の特徴について〉

月	学期	各学期の特徴	予想繁忙度 ←低　高→
4月	1学期	1学期，4月が年間の中でもっとも繁忙な時期と言えるでしょう。入学式等の行事や学級経営以外にも，児童生徒の実態の把握，個別の指導計画や年間指導計画等各種書類の作成や提示，個別面談など，この時期に行わなければならない業務が多々あります。また，分掌等の業務も同時に進めていかなくてはなりません。まずは4月末からの連休まで乗り切りましょう。 5月以降，繁忙な時期も過ぎ，学校にも慣れ，徐々に落ち着いていきますが，児童生徒の実態を把握したところで授業の充実も図っていく必要があります。 7月には学期のまとめに入っていきます。3学期制の学校では個別の指導計画の評価の作成などがあり，2期制の学校でも児童生徒の評価と2学期での課題等を整理しておく必要があります。	
5月			
6月			
7月			
8月	2学期	8月は夏休みや普段取得しにくい年次休暇等を活用して心身ともにリフレッシュするとともに，教員としての力量を高める大切な時期です。研修への参加や2学期の授業準備などをしっかり進めていきましょう。2期制の学校では夏季休業中に前期の評価の作成を行うこともあります。学校によっては校内の研究活動や部活動など学期中にはできなかったことを集中的に取り組む場合もあると思います。 2学期は，一番長い学期でもあり，季節的にも活動しやすく，教育活動が充実する時期でもあります。宿泊や文化祭などの学校行事が設定されている場合も多いと思います。行事を円滑に進めていくうえでは，その事前や事後の学習も大切です。行事の予定を先読みしながら，業務を進めていけるとよいでしょう。 高等部では進学に向けての取組や，産業現場における現場実習など生徒の進路に関する学習も本格化していきます。	
9月			
10月			
11月			
12月			
1月	3学期	3学期は，一番短い学期であり，インフルエンザ等の感染症も広がりやすく，後半は卒業式の練習などもあるため，様々な学習活動を幅広く展開していくことが難しいかもしれません。短い期間にどのように授業を展開するか，計画的に進めていくとよいでしょう。 また，1年間のまとめの時期です。児童生徒の評価だけでなく，分掌等の自分の担当業務についてもきちんとまとめて，次の担当に引き継げるようにしておくことが大切です。	
2月			
3月			

今月の見通し

4月 新しい1年の始まり

渡辺　裕介

今月の見通し

みとりと個別の指導計画
- 「個別の指導計画」の作成（前期）
- 「キャリア・パスポート」の作成，活動の記録

行事
- 入学式・始業式

生活に関わる指導
- 給食（アレルギー・形態食）

保護者や関係機関との連携
- 「個別の教育支援計画」の作成

その他
- 担当業務や提出物のスケジュール把握と管理

学校生活

4月は新しい1年間の始まりの時期です。新入生はもちろんのこと，在校生についても進級に伴って学級や教室が変わるなど，新たな出会いがあり，また学校生活での環境も変わります。児童生徒の実態は様々です。人間関係や環境の変化について，期待感をもって受け止められる場合もあれば，見通しがもてないことから強い緊張や不安を感じる場合もあります。

学級担任は，すべての児童生徒が新しい学級で安心して学習できる環境を整えるとともに，日々適切な指導や支援を工夫していくことが大切です。

また，新規採用や異動があった方は，自分が新たな学校での勤務に慣れることも大切なことです。職場の同僚とのコミュニケーションだけでなく，学校のセキュリティや校舎の位置関係，教材等のある場所など覚えなくてはならないことも多々ありますし，学校によってやり方が異なることも多いです。わからないことは調べたり，聞いたりして早めに解決していきましょう。

学級経営のポイント

❶ 引継ぎ資料の確認

特別支援学校における指導でもっとも大切なことは，児童生徒の実態に合った指導をすることです。特別支援学校では，個別の指導計画や個別の教育支援計画等により，児童生徒の情報が引き継がれていることが多いと思います。アレルギーなど命に関わる情報もあります。児童生徒が始業式や入学式で登校する前に，一人一人の特徴や必要な配慮等を確認しておきましょう。

❷ 実態把握

児童生徒が登校したら，好きなものや苦手なもの，使えるコミュニケーションの方法，様々な刺激に対する反応など，実態把握を行っていきましょう。

私たちは児童生徒の心の中を直接確認することはできません。児童生徒が，「受け取った情報によってどのような行動をするか」を見て心の動きを想像し，仮説を立て，指導を工夫しながらその仮説を検証することで，児童生徒の実態をより深く理解することができます。

❸ 失敗しにくい環境づくり

児童生徒の実態に合わせて教室をわかりやすく整備し，学級のルールを明示するなどして，失敗しにくい環境づくりができると，円滑で効果的な指導につながります。また，教員も環境の１つですから，児童生徒に対してわかりやすく一貫した指導を心がけましょう。

仕事のポイント

❶ 早めに着手して，見通しをもつ

４月は１年の中でももっとも繁忙な時期の１つで，書類の作成など後回しになってしまいがちです。しかし，書類の作成のためには記入する情報の収集が必要です。すべてを完成させなくてもいいので，早い段階で１枚だけでも書類の作成に取り組んでみて，どんな情報がたりないのか理解しましょう。次にすべきことの見通しをもつことで，効率的に仕事をしていきましょう。

❷ とにかく早めに報告・連絡・相談をする

どんな仕事にも言えることですが，よくないことほど，迅速に報告・連絡・相談をすることが大切です。また，自分で調べてわからないことは，すぐに聞きましょう。ただし，同じことを何度も聞くのは失礼なので，メモするなどして忘れないようにしていきましょう。

「個別の指導計画」の作成（前期）

遠藤真由美

個別の指導計画の意義

個別の指導計画は学習指導要領により作成が義務づけられており，学校の教育課程と密接に関係しています。教育課程に基づき，各学部・学年・教科等の年間指導計画を作成し，さらに単元ごとの計画等が作成され，主に各単元において，児童生徒の実態をふまえ，各個人の目標や指導の手立て等を明らかにします。つまり，個別の指導計画は，「児童生徒一人一人にとっての教育課程を，具体化するためのもの」と言えます。集団の中で，いかに一人一人が学びやすくなるか，学習する方法や配慮について考え作成します。

個別の指導計画は毎年度作成します。在校生の場合は，前年度までの個別の指導計画を確認し作成しますが，新入生の場合は基本的に学級担任が１から作成します。特に，知的障害のある児童生徒の個別の指導計画を考える場合には，前年度まで積み上げてきた目標や評価，指導の手立て等のつながりに留意が必要です。転入生も，以前に在籍していた学校から個別の教育支援計画や個別の指導計画の引継ぎを受け，在籍校で作成します。

個別の指導計画の作成の手順

具体的な指導内容及び指導方法の検討に際しては，児童生徒の課題を整理し，教科等の指導で取り組む内容を明確にする必要があります。各教科の育成を目指す資質・能力の３つの柱【知識及び技能】【思考力・判断力・表現力等】【学びに向かう力・人間性等】に対応した目標を設定します。目標の設定にあたっては，各教科等の年間指導計画と照らし合わせて考えます。前期に学習する内容から，特に目標とする部分を明確にしましょう。知的障害特別支援学校の教育課程で「日常生活の指導」や「生活単元学習」などの，各教科等を合わせた指導の形態で学習が計画されている場合も，合わせている各教科等に基づき目標を設定します。前期の目標が明確になることで，日々の授業づくりも，より目標を具体化して考えるこ

項目	文末表現
知識及び技能	～できる。
思考力・判断力・表現力等	～する。
学びに向かう力・人間性等	～しようとする。

とができます。文章で目標を設定しますので，文末表現を統一することも確認しましょう。自立活動の詳細は6月「自立活動の指導」を参照ください。一貫した支援の観点に立てば，児童生徒の実態や，本人及び保護者の願いを反映した指導内容とすることも大切な視点です。

学習評価については、文部科学省から下記資料が出ていますので、ご覧ください。

①学習評価の在り方ハンドブック（小・中学校編）
https://www.nier.go.jp/kaihatsu/pdf/gakushuhyouka_R010613-01.pdf
②特別支援学校小学部・中学部　学習評価参考資料
https://www.mext.go.jp/content/20200515-mxt_tokubetu01-1386427.pdf

①

②

合理的配慮の視点

障害者差別解消法の改正により，令和6年度から事業者による障害のある人への合理的配慮の提供が義務化されました。これからは，社会に出ていく子供たちに，自分の障害特性について理解し，自分に必要な合理的配慮について事業者に伝え，話し合うためのスキルも必要になっていきます。合理的配慮の範囲については3観点11項目で整理されています。子供たちが少しでも社会で生きやすくなるために，どんなことが必要か考えることも大切です。個別の指導計画や個別の教育支援計画の作成において，保護者と「合理的配慮」についての合意形成を図った内容があれば，授業を実践するにあたり指導方法や配慮事項への反映についても検討します。

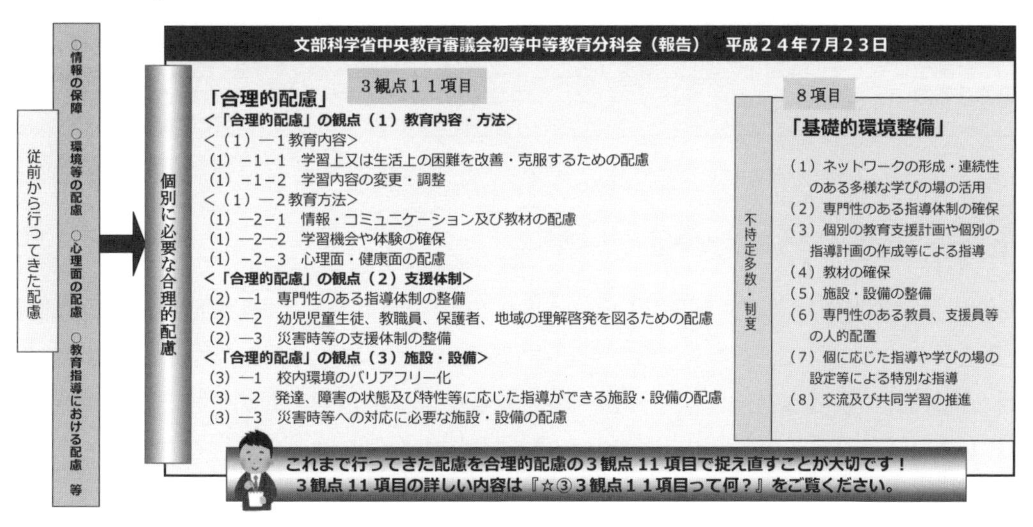

【引用】福島県特別支援教育センター（https://special-center.fcs.ed.jp/file/575）

【参考文献】
- 文部科学省「特別支援教育の在り方に関する特別委員会　合理的配慮等環境整備検討ワーキンググループ（第7回）配付資料」資料3：障害種別の学校における「合理的配慮」の観点（案）
- 福島県特別支援教育センター「小・中学校，高等学校におけるインクルーシブ教育システム推進のためのコーディネートハンドブック」

「キャリア・パスポート」の作成，活動の記録

根本　麻美

キャリア教育の中で育成したい４つの基礎的・汎用的能力

「キャリア教育」全般については，３月「キャリア教育」のページをご参照ください。キャリア教育の中で育成する力には４つの基礎的・汎用的能力があげられています。キャリア・パスポートの作成や活用では，児童生徒自らがこれらの力を学校生活の中で，いつ，どのように学んでいくのか考えることが大切です。

○人間関係形成・社会形成能力 ＊多様な他者の考えや立場を理解し、相手の意見を聴いて自分の考えを正確に伝えることができるとともに、自分の置かれている状況を受け止め、役割を果たしつつ他者と協力・協働して社会に参画し、今後の社会を積極的に形成することができる力	○自己理解・自己管理能力 ＊自分が「できること」「意義を感じること」「したいこと」について、社会との相互関係を保ちつつ、今後の自分自身の可能性を含めた肯定的な理解に基づき主体的に行動すると同時に、自らの思考や感情を律し、かつ、今後の成長のために進んで学ぼうとする力
○課題対応能力 ＊仕事をする上での様々な課題を発見・分析し、適切な計画を立ててその課題を処理し、解決することのできる力	○キャリアプランニング能力 ＊「働くこと」の意義を理解し、自らが果たすべき様々な立場や役割との関連を踏まえて「働くこと」を位置づけ、多様な生き方に関する様々な情報を適切に取捨選択・活用しながら、自ら主体的に判断してキャリアを形成していく力

「キャリア・パスポート」とは

「特別支援学校学習指導要領解説総則編」（平成30年３月）では，児童生徒の調和的な発達を支える指導の１つとして，「学ぶことと自己の将来とのつながりを見通しながら，社会的・職業的自立に向けて必要な基盤となる資質・能力を身に付けていくことができるよう，特別活動を要としつつ各教科等の特質に応じて，キャリア教育の充実を図ること」が示されています。

キャリア教育とは，「一人一人の社会的・職業的自立に向け，必要な基盤となる能力や態度を育てることを通して，キャリア発達を促す教育」であると定義づけられています。その指導にあたっては，「学校，家庭及び地域における学習や生活の見通しを立て，学んだことを振り返りながら，新たな学習や生活への意欲につなげたり，将来の生き方を考えたりする活動を行うこと。その際，児童が活動を記録し蓄積する教材等を活用すること」が必要であると「小学校学習指導要領解説　特別活動編」に明示されています。子供たちが「見通しを立て，振り返

る」ことができ，「活動を記録し蓄積する」ことのできる教材として提案されたものが「キャリア・パスポート」です。各都道府県や学校ごとに様式は異なります。「キャリアガイダンスシート」と，各校によって名称を変えていることもあります。

様式C　キャリアガイダンスシート
作成年月日　　年　　月　　日（　　）　　　担任氏名

将来の生活や社会、職業などについての考え
【本人】
【保護者】
本人及び保護者に将来の生活や社会、職業についての考えを聞き、記入します。＊実態に応じて難しい場合は、保護者からの聞き取り等から引き出します。
実現のために、自分が今できること
簡単に、その将来に向かって、自分ができることを考えてもらいます。難しい場合は、保護者との聞き取りの中から、記入します。
学校としてキャリア発達を促す教育
特に育てたい力（基礎的・汎用的能力から）＊特に力を意識して働きかける項目に○
○人間関係形成・社会形成能力
＊多様な他者の考えや立場を理解し、相手の意見を聴いて
4つの基礎的・汎用的能力から、今年度特に育てたい力を選択し、該当項目に○をつけます。学校としてキャリア発達を促す教育を明確にし、提案していきます。
と」について、社会との相互関係を保ちつつ、今後の自分
身の可能性を含めた肯定的な理解に基づき主体的に行動
すると同時に、自らの思考や感情を律し、かつ、今後の成
○キャリアプランニング能力
＊「働くこと」の意義を理解し、自らが果たすべき様々な立場や役割との関連を踏まえて「働くこと」を位置づけ、多様な生き方に関する様々な情報を適切に取捨選択・活用しながら、自ら主体的に判断してキャリアを形成していく力
社会（学校）の中での自分の役割を果たしながら、自分らしい生き方を実現していくための働きかけ
例）
●通年：特別活動（係活動）･･･その際自分で、
どれだけ学級の役に立っているのか、言葉をかけ
●前期：各教科等を合わせた指導（作業学習）･･･
役割の中で、自分の目指すグループ像が実現で
●後期：特別活動（進路指導）･･･自己理解を深め
めにどんな選択があるのかを考えることができるようにする。
身近なことで、具体的なことから学級として働きかけていくことを明確にし、本人、保護者等と共有し、キャリア教育を充実していく。
取組の様子
前期
後期
取組の結果を簡単に記述し、個別懇談等で確認していく。

様式の例

キャリア・パスポート作成の手順

作成の手順を説明します。

❶ 本人や保護者の願いを知る

アンケートや懇談等を通して，将来どんな進路や職業を選ぶか，その子の強みは何か，どのように生かしていきたいかについて聞き取り，記入します。

❷ 特に育てたい力を選択する

本人・保護者の願いやその子の強みから，その目標を達成したり，強みを伸ばしたりするために，その１年に特に意識して働きかける力を４つの基礎的・汎用的能力の中から選択します。

❸ いつ，どのように育むのかを明確にする

❶で考えたことや，❷で選択した力について，特別活動を要とした学校生活全体を通して，どのような場面で，どのような働きかけをしていくのかについて考えて記入します。

例えば，❷で「自己理解・自己管理能力」を選択した場合，特別活動の係活動の場面において，その子が係活動をすることで学級にとってどんな影響を及ぼしているのかを言葉かけしながら称賛して自己有用感を高められるようにしたり，体育など集団で行う授業の中でグループのリーダーをすることで，自分のグループをまとめるためにどうしたらよいか考え，実行する力を高めたりするなどの働きかけが考えられます。身近で具体的な場面を明確にし，子供や保護者，指導者間で共有していくことで，キャリア教育の充実につながります。

【参考文献】

- 文部科学省「小学校キャリア教育の手引き」
- 文部科学省「特別支援学校教育要領・学習指導要領解説　総則編（幼稚部・小学部・中学部）」
- 文部科学省「小学校学習指導要領（平成29年告示）解説　特別活動編」

入学式・始業式

小笠原靖子

はじめての出会いの場～入学式・始業式～

入学式・始業式は，新しい１年が始まるはじめの日に実施されるはじめての行事となり，進級する児童生徒においてもこれから始まる新しいことに対して，期待よりも不安を多く感じる場合がありますし，特別支援学校においてはそのような傾向が強くなることが想定されます。児童生徒を特別支援学校に通学させる保護者においても同様の思いかもしれません。そのような不安が少しでも解消され，いい状況で入学式・始業式を迎えられるように，事前の準備をしっかりと行っておくことが一番大切です。

入学式・始業式は，学習指導要領の特別活動に定められている５つの種類の学校行事の１つ「儀式的行事」に含まれるものであり，ねらいとしては「学校生活に有意義な変化や折り目を付け，厳粛で清新な気分を味わい，新しい生活の展開への動機付けとなるようにすること」と示されています。また指導計画の作成と内容の取扱いとして，「入学式や卒業式などにおいては，その意義を踏まえ，国旗を掲揚するとともに，国歌を斉唱するよう指導するものとする」とも示されています。この点においてもふまえておきましょう。

事前の確認や準備について

事前に確認や準備をしておく項目については次のようなことがあげられます。

①児童生徒の実態把握
- 体調面や医療的な配慮
- 心理的な配慮，物理的な環境設定への配慮

②式の内容の確認
- 当日の流れの確認
- 座席や動線の確認

①については，始業式と入学式では異なる点があります。

始業式では，教員の入れ替えはあるものの，昨年度の様子を知っている教員が校内にいることがありますし，学年を持ち上がって担任する教員がいる場合があります。転入生が在籍する場合であったとしても，前在籍校より引継ぎを行っており，その児童生徒が入る学級との相性なども検討したうえで学級編制を行っている場合があります。まずは具体的な様子を把握している教員から協力を得て，そのうえで引継ぎ資料の確認を行いましょう。その際には，特に儀式の場面ではどのようなことが予想されるのかということにポイントを置けるといいと思います。

ポイントとしては，次の２点があげられます。

- 体調面や医療的な配慮

体温調整に配慮が必要か，発作がある場合にはどのようなときに起こり，どのような対応が必要か，等

- 心理的な配慮，物理的な環境設定への配慮

見通しがもてない可能性があるか，パニックを起こして途中退席する場合があるか，等

入学式においては，就学前施設や前籍校からの引継ぎ，体験入学などからの情報を得てはいるものの，新しい集団としてはじめて集まる日となることが始業式とは大きく異なります。在校生に比べると情報量は限られますが，その中から必要な情報を得て対応していきましょう。

②については，事前に実施要項が提案されますので，しっかりと確認しましょう。確認のポイントは次の２点です。

- 当日の流れの確認

当日，会場には式次第の掲示はありますが，流れについては事前に確認を行い，教員自身も見通しをもっておくことが大切です。入学式に関しては，事前に教員のみで一連の流れを確認することがありますので，その際に具体的に確認しておきましょう。

- 座席や動線の確認

児童生徒や自身の座席，また入退場の動線についても確認しておきましょう。

入学式・始業式は練習を重ねることが難しいのですが，様々な想定をして準備を重ねることで，十分な対応ができると思います。児童生徒にとっても，保護者にとっても，そして新しく教員生活をスタートさせる自身のためにも，よい１日となるよう，年度当初の忙しい時期とはなりますが，事前の準備を心がけていきましょう。

4月

生活に関わる指導

給食
～アレルギー・形態食～

城田　和晃

学校給食について

給食は多くの児童生徒が楽しみにしている活動の１つです。読者の皆さんの中にも給食の時間を楽しみにしていた，好きなメニューだと学習が捗る気がしたという方もいらっしゃるのではないでしょうか。給食は，成長期にある児童生徒の心身の健全な発達を支えるものであり，食に関する正しい理解や適切な判断力を養う役割も担っています。

学校給食法には以下に示す７つの目標が掲げられており，給食の時間はそれらを達成するための指導の時間となります。子供たちが発達段階に応じて７つの目標を達成することができるよう指導するとともに，児童生徒の命に直結する食物アレルギー，窒息や誤嚥に対するリスクマネジメントを適切に行うことが担任としての重要な役割となります。

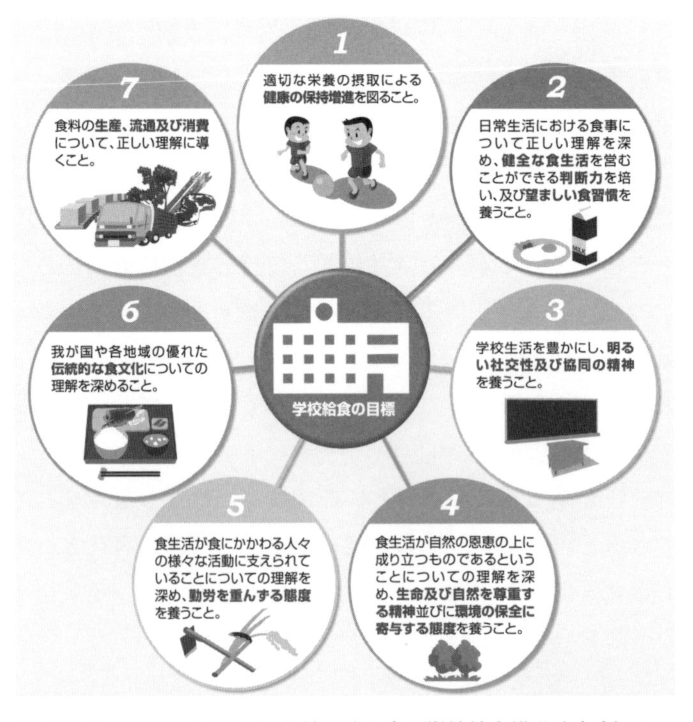

「学校給食の７つの目標」（一般社団法人全国学校給食推進連合会）より

食物アレルギーへの対応について

食物アレルギー対応の大原則は「未然防止」です。食物アレルギーを有する児童生徒の実態や個別の取組プラン，緊急時の対応について共通理解を図ることが重要です。給食の受け取りに際しては，決められた確認作業（指さしや声出し，チェック用紙への記入など）を決められたタイミングで行い，誤食を予防します。また，食事中は必ず付き添い，目を離さないようにすることが重要です。

万が一，食物アレルギーによる症状が確認された場合の対応についても十分な確認が必要です。管理職や養護教諭への連絡，初期対応など子供の命を守るために必要な行動が迅速かつ正確に行えるよう十分に準備をしておく必要があります。

形態食への対応について

形態食とは，初期食，中期食，後期食等を指します。まだ咀嚼機能が獲得されていない子供に対して，咀嚼が必要な食事を提供した場合，噛んで細かくすることができず，飲み込んでしまうことで，窒息の危険が生じます。また，噛めないからといって細かく刻むことによって，口の中に残りやすくなり，誤嚥のリスクが生じます。

食事を無理なく食べるために，児童生徒の現在の食べる機能の発達を把握し，段階に合わせた食形態を選択することで，食機能の発達を促し，安全に食事を楽しむことができます。したがって，「継続的な医師の診断」「保護者の意向」等を総合的に考慮し，食形態の決定がなされる手続きについて理解しておく必要があるでしょう。

日々の成長を感じられる給食の時間へ

1年間で給食を食べる機会は何回あるでしょうか。また，小学部1年生から高等部卒業までで，給食を食べる機会は何回あるでしょうか。給食は単に栄養補給のための昼食ではなく，前述した7つの目標がありますが，このことについて毎日同様の指導を繰り返しできることがポイントです。給食は「家庭とその成長を共感できる」「食を通じたコミュニケーションが他の教育活動にもつながる」「苦手な食べ物に無理のない範囲でチャレンジすることで外界の刺激を取り入れ，発達を促すことができる」といった要素を含んでいます。安全・安心を確保し，楽しい給食の時間を児童生徒とつくり上げてください。

【参考文献】
- 日本肢体不自由教育研究会『肢体不自由教育』 第264号

保護者や関係機関との連携

「個別の教育支援計画」の作成

伊藤　紘樹

なぜ，個別の教育支援計画をつくるのか？

４月は様々な書類を整えていく時期です。その中でも，これからの学習活動を進めていくために重要となるものが「個別の教育支援計画」です。では，なぜ，「個別の教育支援計画」をつくる必要があるのでしょうか。

「個別の教育支援計画」は，幼児児童生徒一人一人の教育的ニーズを把握し，医療，保健，福祉，労働等の関係機関との連携を図りつつ，長期的な視点で乳幼児期から学校卒業後まで一貫して的確な教育的支援を行うための計画です。教育的ニーズがきちんと検討・整理されていなければ，適切な短期目標を設定することが難しくなります。また，定期受診している医療機関や放課後等に利用している事業所，PT・OT 等との関わりについても確認，整理しておくことで，その後の連携した支援へと円滑につなげていくことが可能になります。そうした意味からも，４月のはじめに個別の教育支援計画を作成，更新することが大切になると言えます。

まずは，これまでの「学びの履歴」の確認から！

個別の教育支援計画は，１人の教員だけで作成できるものではありません。特に４月は，担

個別の教育支援計画の連携イメージ

個別の教育支援計画の引継ぎイメージ

当する幼児児童生徒について，これから理解していく時期でもあるため，「これまでどのように学びが積み上げられてきたか」の確認が大切になります。新入生であれば，入学前の療育センター，幼稚園，保育園等からの引継ぎ資料が重要です。小学校や中学校から進学してきた生徒については，前籍校から引継ぎを受けた個別の教育支援計画の確認が大切です。また，進級の場合では，前担任の先生から直接確認することも有意義です。

長期目標は，「近い将来の姿」をイメージしてみよう

児童生徒のこれまでの学びの履歴を確認したら，教育的ニーズ，長期目標の設定に移ります。教育的ニーズは，子供一人一人の指導や支援を考えていくうえでの根幹となるものです。言葉を換えると，「〇〇の力が身についたり向上したりすれば，より学びやすくなったり，生活しやすくなったりするもの」と言えます。場合によっては，教育的ニーズが複数あがることも考えられます。その場合は，「優先順位の高いもの」や「短期間で改善や伸長が期待できるもの」という視点で整理するといいでしょう。検討した教育的ニーズがその子供にとって適切であるかを確認するために，「△さんは，〇〇の力がつくと学びやすく生活しやすくなる」と当てはめてみて，適切かどうかを確認することも効果的です。

長期目標を検討する際には，近い将来の子供の姿をイメージしてみましょう。小学部１年生であれば小学部４年生のように，３年後の姿を思い浮かべるといいです。具体的なイメージをもつために，実際に上の学年の児童生徒の様子や授業を観たり，その学年の先生に話しを聞いたりするなどしてイメージを膨らませることも大切です。

〈個別の教育支援計画作成，更新のためのチェックポイント〉

□昨年度までの「学びの履歴」は確認したか？
　→ Keywords：引継ぎ資料，これまでの個別の教育支援計画，担当者との共有会議
□関係機関についての加筆，変更は確認したか？
　→ Keywords：地域，医療，福祉，市区町村の役所，専門機関
□長期目標は，「近い将来の姿」をイメージして設定したか？
　→ Keywords：教育的ニーズの設定，３年後の姿
□作成した個別の教育支援計画を学年，学部の先生方と共有したか？
　→ Keywords：情報共有，ダブルチェック

【参考文献】
- 文部科学省「障害のある子供の教育支援の手引」
- 横浜市教育委員会「個別の教育支援計画，個別の指導計画作成と活用の手引き」

担当業務や提出物のスケジュール把握と管理

渡辺　裕介

自分の担当業務の確認と年間スケジュールへの記載

教員は担任業務以外にも，学校内における運営上必要な業務分担である「校務分掌」や学部・学年の中の係など，複数の業務を担当します。１つの業務に集中してしまい，他の業務への対応が遅くなったりすると，学校組織全体に負担をかけることになる場合もあるので，自分でしっかりと進行管理できるようにしておきましょう。

まず，自分の担当業務に何があるのかを確認しましょう。そして，それぞれの業務の年間のスケジュールを確認しましょう。例えば，運動会や体育祭の担当になったとします。学校全体の行事ですから，職員連絡会や学部会・学年会などで共通理解をもって取り組む必要があり，当然実施前のこれらの会議では計画等について周知をしなくてはなりません。多くの人が関わる業務であればあるほど，実際の実施日のかなり前に提案等をする必要があります。遅くとも会議が行われる１か月から２週間前には，関係者に作成した資料を見てもらうなど，事前の調整を行っておくと余裕をもって業務を進められます。

ですから，

①業務の実施日等を確認する
②実施日前の会議等の日程を確認する
③会議等の日程から遡って１か月から２週間前に自分の締め切りをつくるなど，担当主任等への相談や提出が余裕をもって対応できるように，スケジュールを設定する

というステップで，年間の予定を整理するとよいでしょう。

繁忙期を見通したスケジュールの調整

自分の担当業務以外にも，指導要録，学級の年間指導計画，個別の教育支援計画，個別の指導計画等の書類の作成等も年間の中で予定されています。校外学習や移動教室などの各種行事，高等部であれば産業現場等における現場実習など，通常と同じような業務ができない時期もあります。こうした日程と自分の担当業務を合わせて見ていくと，自分がとても忙しくなること

が予想される時期が見えてくると思います。

業務があまりにも繁忙になってしまうと，ミスも発生しやすくなり，とても危険です。業務の中には，行う時期をずらせない業務もあると思います。ですから，大変な状況を避けるためにも，自分で進められる業務については早めに着手しておくことが大切です。年度当初に業務の内容を確認し，自分で進められる作業をいつ行うか，年間のスケジュールに明記しておけるとよりよいと思います。

書類や提出物の作成

書類や提出物については，短期間で作成しなくてはならないものもありますが，個別の指導計画のように，年間の授業での評価を記載するようなものもあります。学期末に，プリント等の成果物を確認し，まとめて評価しようと思うと，かえって時間がかかってしまうことがあります。自分が担当している教科等の評価については，遅くとも各単元が終わった段階で個々の生徒の評価を記録するなど，計画的に作成を進めていきましょう。

全校行事A		提案・作成期間	主任等に提出		学部会学年会など		全校会議など		行事の実施	

担当業務B	資料作成	提案		修正		実施時期

個別の指導計画の評価	単元①	単元②	単元③	単元④	提出

今月の見通し

5月 教育活動の本格化

渡辺　裕介

今月の見通し

みとりと個別の指導計画
- 個別課題の設定や実施，係活動（個々の児童生徒に割り振られた役割）

行事
- 運動会・体育祭

生活に関わる指導
- 学級での活動

保護者や関係機関との連携
- 年度当初の「個人面談」や「家庭訪問」

その他
- 交流及び共同学習，副次的な籍

学校生活

新年度が始まって１か月が経過し，児童生徒も教職員も学校生活に慣れ，見通しをもって生活できるようになってきます。学校によっては，運動会などの行事を実施するなど，教育活動も本格化していきます。４月の教育活動の中で把握した児童生徒の実態をふまえ，的確に指導内容の工夫や課題を設定することで，児童生徒の学びを充実させていきましょう。

また，保護者の期待の大きな「交流及び共同学習」については，交流校との連携も必要で時間もかかることから，早めに準備を進めておくとよいでしょう。

学級経営のポイント

❶ 児童生徒のできることや得意なことに着目する

特別支援学校に入学する児童生徒については，その障害特性などから，できないことや苦手なことがあります。なかには，行動上の問題を抱えている児童生徒もいるかもしれません。日々の指導にあたっては，できないことや行動上の問題に着目しがちです。他の児童生徒に影響が出るような状況は避けなくてはなりませんが，簡単に改善できることばかりではありません。

児童生徒に限らず，だれしもできたことを評価されるとうれしくなり，成長につながっていきます。難しい課題で失敗を繰り返させるよりも，あと少し練習すればできそうな課題を見つけて指導を工夫し，できたことを褒めていきましょう。その成長によって，難しい課題の改善につながることも十分あります。

❷ 保護者との連携した指導

指導方法や支援方法の工夫などは，面談や連絡帳等を使って，保護者にわかりやすく伝えましょう。家庭でも学校と連携して同じ方法で指導や支援を行うことで，さらなる成長が期待できます。また，児童生徒ができることが増えた場面を実感することで，学級担任に対する信頼感も高まっていくと思います。

児童生徒が学校で見せる様子と，家庭で見せる様子には，環境が異なるので当然違いがあります。保護者と児童生徒の課題について話すときには，その違いをふまえておく必要があります。保護者の考え方も受け止めつつ，事実をもとにわかりやすく伝え，今後の指導や支援の見通しについて具体的に説明していきましょう。

仕事のポイント

● 事務室，保健室，外部人材との連携

学校は教員だけで運営されているわけではありません。事務室では，予算の執行や私費などの金銭関係から，校舎の修繕，業者との契約など，多岐にわたる業務を行っています。養護教諭は，児童生徒の心身の健康管理を司ります。こうした業務の中では，個人情報を取り扱わなくてはなりません。保護者との連絡は学級担任を通して行われるため，紛失等の事故を起こさないためにも，慎重な取り扱いが必要であり，事務室や保健室との緊密な連携が欠かせません。

また，近年は，外部人材の活用も進められています。活躍していただくためには，こちらも連携が重要です。外部人材についても学校で知りえた情報の守秘義務が課されていると思いますが，必要な個人情報以外は提示しないなどの適切な対応や定期的な研修が必要です。

個別課題の設定や実施，係活動
～個々の児童生徒に割り振られた役割～

根本　麻美

係活動

学級の中で係活動を設定し，児童生徒に分担する際には，個々の児童生徒に合った役割を設定します。児童生徒は，自らの役割を担うことで，他の教員や同級生にがんばりを認めてもらったり，自分の活動がみんなの役に立っているという自己有用感を感じたりすることができます。学級活動の中で，児童生徒と一緒に話し合いながら，必要な係を考えたり，一人一人に合った係活動を設定，実行したりすることで，児童生徒が学級を運営していく意識も高まり，学級経営の充実につながります。決定した係活動の役割分担は，教室内に掲示して，日常的に意識して取り組むことができるようにするとよいでしょう。

● 係活動の例

①学級経営に関する係

日直（朝の会の進行や号令等），保健カード，日付・予定，配付物，黒板消し，台拭き，電気，献立，飼育　など

②給食の配膳や下膳に関する係

主菜，副菜１，副菜２，汁物，牛乳，デザート，食器　など

③児童会活動の係

牛乳パックリサイクル，廊下のモップ掛け，トイレットペーパーや消毒液，石鹸の補充，花の水やり，学部集会の進行　など

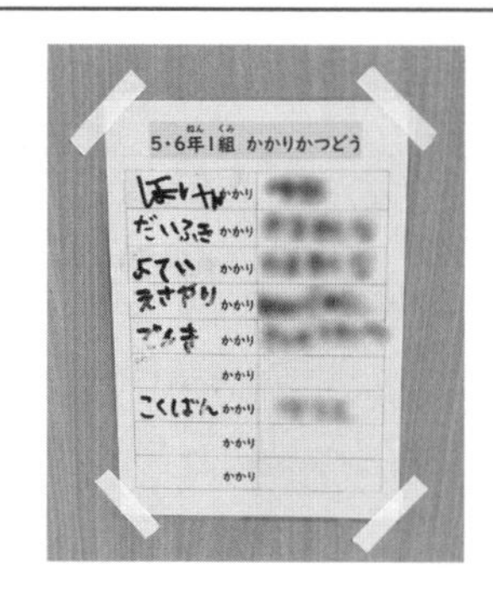

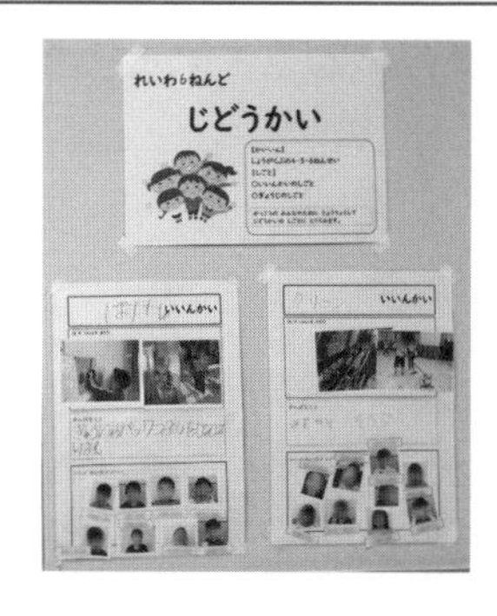

個別課題の設定

多くの学校では，登校後の日常生活の指導の時間等に，荷物の整理や着替え，排せつ，係活動を終えた後に一人一人の自立活動の課題等に応じて，個別課題の時間を設定しています。認知や巧緻性といった自立活動の個別の指導計画に基づく場合，主に国語や算数・数学等の教科のプリント等々，個別に取り組む課題や集団で取り組む課題を設定します。児童生徒が自ら課題を選択したり，終了後に教員に報告したりする場面を設定するなど，教員の指導や支援が少ない中で，個々の児童生徒の実態に合わせて取り組めるようにしましょう。

● 個別課題の例

①朝の運動…肥満傾向や体力のないことが課題となる子供に対して，ラジオ体操，ダンス，ランニングなどを行うことで，運動習慣を身につけ，肥満解消や基礎体力の向上を目指します。

②こんなときどうする？…他者との関わり方が未熟であったり，友達とトラブルになりやすかったりする課題のある子供に対して，SST カードやロールプレイングなどを行うことで，状況に応じた適切な行動やそのときの感情を考えて，適切な関わり方などを学ぶことを目指します。

【参考教材】 ●発達協会監修・一松麻実子ほか著『発達協会式　ソーシャルスキルがたのしく身につく　どっちがカッコイイ？カード』合同出版　●発達協会監修・一松麻実子ほか著『発達協会式　ソーシャルスキルがたのしく身につく　こんなときどうする？カード』合同出版

③目の体操…空間認知などの見え方や目と手の協応が難しいなどの課題のある子供に対して，ビジョントレーニングなどを取り入れて，子供の好きなキャラクターを追視して眼球を動かしたり，図形を模写したり，見本と同じように並べたりするなどの活動を通して，視知覚認知の向上を図ることを目指します。

④口の体操…発音が不明瞭だったり，語彙が少なかったりする課題のある子供に対して，教師の真似をして口や舌を動かすような活動を入れたり，絵カード・文字カードを使って発音の練習をしたりして，言語の表出の力を高めることを目指します。

【参考文献】
●北出勝也監修『発達の気になる子の学習・運動が楽しくなるビジョントレーニング』ナツメ社

運動会・体育祭

小笠原靖子

たくさんの応援と声援の中で～運動会・体育祭～

学校生活に慣れてきた5月，進学・進級してはじめての大きな行事となることが多い運動会・体育祭。児童生徒においては体育の授業で培った様々な身体的能力の発揮する機会であるとともに，集団で行動する力や保護者や地域の方々などの前で発表する経験を重ねるよい機会となります。保護者にとっては進学・進級してはじめて参観することのできる行事となり，児童生徒の成長を感じることのできる行事です。「できた」「がんばった」というような成功体験を重ね，自己肯定感を高められるように，教員として準備を重ねて当日を過ごすことができるようにしていきましょう。

また運動会・体育祭において育まれる運動する楽しさは，卒業後の生活においても心身の健康の保持や運動習慣の継続及び豊かな余暇生活にもつながっていきます。スポーツをする楽しさが運動習慣の定着につながっていくことも願いながら，運動会・体育祭に取り組んでいきましょう。

運動会・体育祭の位置づけ，意義について

運動会・体育祭については，学習指導要領においては特別活動の学校行事の内容において次のように示されています。

> ⑶健康安全・体育的行事
> 心身の健全な発達や健康の保持増進，事件や事故，災害等から身を守る安全な行動や規律ある集団行動の体得，運動に親しむ態度の育成，責任感や連帯感の涵養，体力の向上などに資するようにすること。

ここに示されているように，体育的な活動を通じて集団で活動することやスポーツの楽しさを感じていくために，運動会・体育祭は大きな役割を果たす行事であると言えます。ただ，健

康と安全が保たれるということがこの前提にあります。

安全面への配慮・管理について

事故の発生を未然に防ぐための準備を怠らないことが運動会・体育祭にとって重要な点となります。しかし想定外の事態が発生することもありますので，そのような場合にも児童生徒にとっての健康や安全が守られるよう，安全な指導を徹底することがとても大切です。主に注意するべき点については，次のようなことがあげられます。

❶事故・ケガの防止

特別支援学校においては，児童生徒の障害特性によりいつもとは異なる状況によって予想外の行動を取ったり，危険回避に対して自ら判断することに困難さがあったりする場合があります。また実施日当日は保護者や地域の方々などの参観が見込まれるため，緊張や不安から練習や予行練習とは異なる様子を見せる場合も考えられます。安全な指導の実施のためには，児童生徒の個々の障害の状況や医療面や身体的な面での配慮事項を事前に把握することがとても大切です。そして事故発生時における対応方法についても，実施計画等の確認及び他の教員との連携や養護教諭との連携は安全な運動会・体育祭の実施においてとても大切ですので，十分に意識して実施していきましょう。

❷熱中症への対応

近年は暑さへの対応もあり，学校によって実施形式や時間短縮などの工夫が行われるようになってきています。しかし，実施形式を工夫したとしても，他の行事と比べ運動量の多さや気温だけでなく湿度の高さにも十分な注意が必要となるため，運動会・体育祭の実施においては熱中症対策が重要です。暑さ指数（WBGT）の測定・確認や，熱中症警戒アラートの活用を十分に行っていきましょう。また十分な水分摂取や涼しい場所での休憩の確保も必須です。当日の対応だけでなく，練習段階からこの点に留意していきましょう。

【参考文献】

- 文部科学省「小学校学習指導要領（平成29年告示）解説　特別活動編」
- 文部科学省「中学校学習指導要領（平成29年告示）解説　特別活動編」
- 文部科学省「高等学校学習指導要領（平成30年告示）解説　特別活動編」
- 東京都教育委員会「熱中症対策ガイドライン」

学級での活動

城田　和晃

学級での活動の意義

児童生徒にとって，学級はもっとも身近な社会であり，学級での活動が自立や社会参加を目指す取組のベースラインになります。

小学校学習指導要領の特別活動の内容の１つである「学級活動」には，
①「学級や学校における生活づくりへの参画」
②「日常の生活や学習への適応と自己の成長及び健康安全」
③「一人一人のキャリア形成と自己実現」
の３つの柱が示されています。学習や生活を共にする中で，社会性を育むことに大きな意義がありますが，これら３つの柱から特別支援学校における学級活動の実践やポイントについて考えてみたいと思います。

①学級や学校における生活づくりへの参画について

「学級や学校における生活上の諸問題の解決」「学級内の組織づくりや役割の自覚」「学校における多様な集団の生活の向上」といった項目が示されています。「学級内の組織づくりや役割の自覚」については，係活動の設定や朝の会・帰りの会の進行役を担うこと，また協力して活動を行う設定をすることなどを通して育むことができます。学年や学部が上がるにつれて，児童会や生徒会活動に取り組むなどが考えられます。

②日常の生活や学習への適応と自己の成長及び健康安全について

「基本的な生活習慣の形成」「よりよい人間関係の形成」「心身ともに健康で安全な生活態度

の形成」「食育の観点を踏まえた学校給食と望ましい食習慣の形成」といった項目が示されています。

いずれの項目も具体的な内容ですので，指導に結びつけやすいのではないでしょうか。例えば，「基本的な生活習慣の形成」であれば，身の回りの整理や挨拶などを身につける指導が考えられます。他の児童生徒がいる学級であるからこそ，必然的で意味のある指導につながります。また，「よりよい人間関係の形成」については，遊びなどの活動を通して，相手を意識すること，知ること，仲良くすることなど，段階的に指導を発展させていくことが考えられます。

③一人一人のキャリア形成と自己実現について

「現在や将来に希望や目標をもって生きる意欲や態度の形成」「社会参画意識の醸成や働くことの意義の理解」「主体的な学習態度の形成と学校図書館等の活用」といった項目が示されています。「現在や将来に希望や目標をもって生きる意欲や態度の形成」に関しては，自分に合った目標を立て，自分のよさを生かしながら友達と協力し目標の達成に迫るような指導が考えられます。また，「社会参画意識の醸成や働くことの意義の理解」については，係活動等を通して，社会の一員として役割を果たそうとする責任感を育むことや，そのために進んで行動しようとする態度を育むといった指導が考えられます。そして，「主体的な学習態度の形成と学校図書館等の活用」については，学ぶことに興味や関心をもって，自主的に学習する場としての学校図書館等の活用を指導することが考えられます。児童生徒が興味や関心をもって学ぶことの楽しさを味わえるような指導をするとともに，学びを探究する場として学校図書館等を活用していく指導が考えられます。

「安心できる」「自信がもてる」学級活動の展開を

中学部や高等部になると，学級を離れて1日の大半を過ごすことも少なくないでしょう。学級にいるときや学級に戻ってきたときには「安心できる」という雰囲気づくりも重要です。学級での活動における自主的，実践的な活動の経験が，学年や学部，学級を離れた学習活動への自信になるよう取り組んでみてください。

【参考文献】
- 文部科学省「特別支援学校幼稚部教育要領　小学部・中学部学習指導要領」
- 文部科学省「小学校学習指導要領（平成29年告示）」
- 文部科学省「中学校学習指導要領（平成29年告示）」

年度当初の「個人面談」や「家庭訪問」

伊藤　紘樹

「個人面談」や「家庭訪問」は，なぜ必要？

多くの学校では，５月のゴールデンウィーク前後に「個人面談」や「家庭訪問」が実施されます。なぜ，「個人面談」や「家庭訪問」が必要となるのでしょうか。理由や目的は様々ありますが，多くは「家庭との連携を深めるため」という言葉に集約できるのではないでしょうか。

個人面談では，保護者と直接，児童生徒のことについて話をします。普段はスクールバスを利用しているため，連絡帳でのやりとりが主な保護者と直接話をすることで，保護者の考えや想いに触れることができます。また，保護者にとっても，担任の人柄を知る重要な機会となります。

家庭訪問では，日頃の生活環境を直接確認することができます。家庭内の物理的環境や児童生徒が好きなものを知ることで，視覚的支援ツールを家庭と学校で揃えたり，授業を展開するためのきっかけづくりに用いたりすることができます。また，自宅周辺の環境（坂道や横断歩道，信号機，公園の有無等）について確認することで，校内での支援に役立てることにもつながります。

個人面談に臨むために必要な事前準備

多くの場合，１日に複数家庭の個人面談を実施します。事前に指定した時間の中で，学校か

保護者面談　進行メモ（例）

1　個別の教育支援計画の確認
　①　長期目標
　②　本人・保護者の願い
　③　関係機関

2　個別の指導計画の確認
　・各短期目標

3　学級運営計画

4　年間指導計画

5　運動会の種目

6　家庭での様子

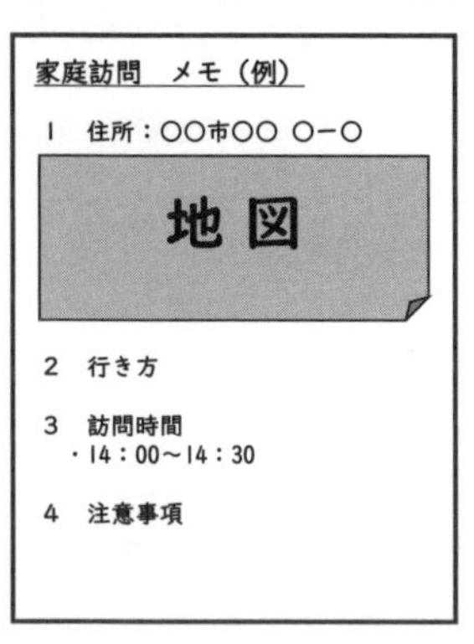

ら伝えること，保護者から聴きたいことについて，不足なく進めなければいけません。そのためには，次に示す事柄等について事前に確認し，準備しておくことが大切です。

❶ 保護者と確認すること

個別の教育支援計画や個別の指導計画の内容に関すること，生活管理指導表等の学校生活に関すること等があげられます。

❷ 保護者に伝えること

年間指導計画や学級経営計画等の指導や支援方針に関すること，学校行事，学級事務に関すること等があげられます。

❸ 保護者から聴くこと

児童生徒の家庭での様子，保護者が不安に感じていること，学校や学級に対しての考えや想い等があげられます。

家庭訪問に臨むために必要な事前準備

学校によっては，家庭訪問と個人面談が近い時期に設定されているところもあります。また，自宅の中には入らず，玄関先までにとどめる等の対応を取ることもあります。事前に校内のルールについて確認しておきましょう。

訪問時間を事前に伝えている場合は，時間に遅れたり，早く到着しすぎたりすることがないよう，経路や交通機関の時刻についても必ず確認します。

〈個人面談・家庭訪問の事前準備のチェックポイント〉

□「保護者と確認すること」は確認したか？
□「保護者に伝えること」は確認したか？
□「保護者から聴くこと」は確認したか？
□時間を超過しないために時間配分は設定したか？
□児童生徒宅までの経路や周辺環境は確認したか？

交流及び共同学習，副次的な籍

渡辺　裕介

交流及び共同学習について

交流及び共同学習については，特別支援学校小学部・中学部学習指導要領（平成29年４月告示）の総則に「〜障害のない幼児児童生徒との交流及び共同学習の機会を設け，共に尊重し合いながら協働して生活していく態度を育むようにすること」と示されています。

交流及び共同学習は，特別支援学校の児童生徒が小中学校の障害のない児童生徒と共に活動することで，日頃の学習では得られない経験により社会性を養うことのできる貴重な機会です。小中学校の児童生徒にとっても，だれもが相互に人格と個性を尊重し支え合い，人々の多様な在り方を相互に認め合える全員参加型の社会，いわゆる「共生社会」の実現に向けて，とても大切な取組です。

特別支援学校における交流及び共同学習の形態について

特別支援学校の児童生徒と小中学校の児童生徒との交流及び共同学習には，「学校間交流」と「居住地校交流」の２つの形態があります。

「学校間交流」は，特別支援学校が所在する市区町村の教育委員会と連携を図り，特別支援学校の近くの小学校や中学校を交流指定校として定め，交流及び共同学習を実施する形態です。基本的には，学年や学部単位で実施しています。練習等をあまりしなくても，一緒に活動でき，それぞれの学校の児童生徒同士が関わり合える活動を行っています。

「居住地校交流」は，特別支援学校の児童生徒が居住する地域の小中学校との交流及び共同学習をするものです。特別支援学校の児童生徒１人が，居住地の小中学校に行くことになるので，特別支援教育コーディネーターだけでなく，児童生徒の担任も実施に向けて関わっていくことになります。そのため，本書では「居住地校交流」を中心に取り扱っていきます。

居住地校交流実施に向けた留意点

居住地域の小中学校との「交流及び共同学習」を進めるために「副次的な籍」を置く制度を設けている自治体があります。例えば，東京都は特別支援学校の小学部，中学部に在籍するすべての児童生徒が居住地の地域指定校に「副籍」をもっています。

東京都の「居住地校交流」については，児童生徒が地域指定校の授業や学校行事に参加する「直接的な交流」と，学級だよりの交換等を中心とした「間接的な交流」があります。

「間接的な交流」でも，地域指定校の児童生徒が特別支援学校の児童生徒の自宅を訪問しておたよりを手渡しするなどの工夫で，お互いに仲良く向き合うことができている事例もあります。

「直接的な交流」については，特別支援学校の児童生徒や保護者の期待は大きいと感じることがあります。その反面，実際に「直接的な交流」を行った際に，期待したものではなかった，と厳しい評価をされる保護者もいらっしゃいます。

教育効果の高い交流活動を継続していくためには，特別支援学校，地域指定校，保護者の協力により，お互いの立場や思い，実情等に十分配慮した特色ある交流活動を創意工夫することが大切です。「直接的な交流」を実施する場合には，保護者，地域指定校との意識が大きくずれないようにすることが大切です。次のことに留意して準備を進めていくとよいと思います。

❶ 早期からの交流開始に向けた地域指定校との打ち合わせ

地域指定校と特別支援学校が連携して行うことなので，準備にどうしても時間がかかってしまいます。忙しい中ではありますが，保護者の期待もあるので，交流開始に向けた準備は早期から進めるとよいです。対象児童生徒の情報をわかりやすく地域指定校に伝えるとともに，児童生徒や保護者の期待，地域指定校の状況などをふまえ，地域指定校や学年や学部の主任等と相談しながら，無理なく継続して行っていける交流を計画していきましょう。

❷ 保護者へのわかりやすく丁寧な説明

東京都では「直接的な交流」の実施にあたっては，保護者の付き添いが必要です。保護者は付き添いの際，だれに話しかけたらよいのかなど，様々なことがわからなくて不安になります。地域指定校とよく相談・調整し，保護者の不安感に寄り添った対応が大切です。

【参考文献】
- 文部科学省初等中等教育局特別支援教育課著・全国特別支援教育推進連盟編集『特別支援教育における交流及び共同学習の推進』ジアース教育新社
- 東京都教育委員会「副籍ガイドブック」

6月

今月の見通し

授業・行事の充実

渡辺　裕介

今月の見通し

みとりと個別の指導計画
- 自立活動の指導

行事
- 校外学習

生活に関わる指導
- 熱中症

保護者や関係機関との連携
- 保護者会，連絡帳，授業参観

その他
- プール指導，学校公開

学校生活

入学・進級してから２か月が経過し，運動会等の行事の経験などを通して，児童生徒の友達や教員との関わりも増えてくると思います。それに伴い，対人関係上のトラブルなども出てきているかもしれません。こうしたトラブルは，児童生徒の成長の過程で当然生じるものですが，適切に対応しないと他の児童生徒への他害などに発展し，保護者からの苦情にもつながります。学級の指導等を改めて見直し，トラブルの起こりにくい環境などを工夫していきましょう。

また，近年は５月中から気温が高くなり，健康面においては熱中症への対応が必須となっています。６月からはプール指導を始める学校も多いでしょう。校外学習や宿泊行事などを予定している学校もあると思います。授業等の取組も充実してくることから，事故やケガの未然防止についても，改めて見直していきましょう。

学級経営のポイント

❶ 児童生徒の実態把握と指導内容の見直し

特別支援学校の児童生徒はゆっくりではありますが着実に成長していきます。また，周りの人との関係性が変わると児童生徒の行動も変わっていきます。改めて児童生徒の実態を確認し，現状に合っていない指導内容については常に見直し改善していきましょう。そして，児童生徒の様々な変化を見逃さず把握していることで，連絡帳や保護者会などで学級の状況を具体的に伝えることができ，説得力が高まっていきます。

❷ 教室環境の見直し

児童生徒の実態を把握し，指導内容の見直しを行ったら，ぜひ教室環境等についても改善していきましょう。特別支援学校の児童生徒は，自分の行動を客観的に見ることが難しいケースが多いです。失敗から学ぶこともありますが，誤学習になってしまうことも少なくありません。児童生徒が失敗しにくいように教室環境等を整備できると，より効果的な指導につながります。具体的には，８・９月「学習環境づくり」を参考にしてください。できることから少しずつ取り組んでみて，その結果をふまえ，レイアウト変更などの大がかりな変更をする場合には，夏季休業中に行うとよいでしょう。その前にしっかりと案を練っておくとよいと思います。

仕事のポイント

● 人権感覚の確認

児童生徒との関係ができてくると，次第に指導の中での言葉遣いなどが変化してきます。児童生徒との親密さをより表現するために，フランクな言葉遣いにしたり，なかには児童生徒の名前を呼び捨てやあだ名で呼んだりしてしまう教員が時々います。しかし，保護者から見たときに，どう思われるでしょうか。児童生徒本人や保護者が見て不快に思うことは，人権的に課題があると考えましょう。「私は不快にさせようと思っていなかった」と，後で説明をしてもご理解を得られない場合もあります。常に相手がどう思うかを考えて行動しましょう。

また，学校では定期的に人権感覚についての研修を行っていると思います。そうした研修で提示される資料やチェックリストなどを活用して，客観的な視点で自分の指導内容や人権感覚について見直してください。

保護者から人権に関わる苦情が出された場合には，対応が非常に困難となりますし，一度失った信用は簡単には取り戻せません。適切な対応を日々積み重ねること以外に，具体的な対応策はありません。いつでも自然に適切な対応ができるように，常に人権感覚を意識しましょう。

自立活動の指導

遠藤真由美

自立活動って何の学習？

自立活動は，障害がある児童生徒の自立に向けた教育的な活動を行う，特別支援教育独自の指導領域です。特別支援学校，小・中学校に設けられている特別支援学級，小・中学校及び高等学校に設けられている通級による指導等で，教育課程上重要な位置を占める特別の指導領域であり，特別支援学校の指導の特徴です。

自立活動について，まずは学習指導要領に示されている目標を見てみましょう。

> 個々の児童又は生徒が自立を目指し，障害による学習上又は生活上の困難を主体的に改善・克服するために必要な知識，技能，態度及び習慣を養い，もって心身の調和的発達の基盤を培う。

特別支援学校には，視覚障害，聴覚障害，知的障害，肢体不自由，病弱，またはそれらが重複している児童生徒が在籍しています。一人一人，その障害による困難さが違い，各教科等において育む資質・能力につまずきが生じやすいことがあります。そこで，その個人の成長に焦点を合わせ，資質・能力の偏りを調整するための個別の学習ができることが自立活動の特徴です。学習指導要領には，「人間としての基本的な行動を遂行するために必要な要素」「障害による学習上又は生活上の困難を改善・克服するために必要な要素」を合わせ，「心身の調和的な発達」の基盤に着目して指導すると記載されています。

自立活動では，目の前の児童生徒が，他者と円滑にコミュニケーションを図り，自立と社会参加を目指して自己実現していくために必要な力を培うために，その個人に必要な学習プログラムを計画することができます。自立活動を学ぶことは，各教科等において育まれる資質・能力の基盤をつくり，学びを促進させる役割を担っています。

自立活動の６区分27項目について

自立活動の内容には，「１　健康の保持」「２　心理的な安定」「３　人間関係の形成」「４　環境の把握」「5 身体の動き」「6 コミュニケーション」の６区分27項目があります。

各教科の目標と違い，この中から個人に必要な内容を選定したうえで，それらを相互に関連づけて考え，指導していきます。自立活動は，苦手なことの克服だけをねらうものではなく，児童生徒がより自立し社会に参加していくために，どこが課題となっているのか，様々な課題の相互の関係を明らかにすることで，より中心的な課題を見つけ出し指導します。その課題に向かって，本人の強みを生かした手立てを考え実践していくことも大切です。

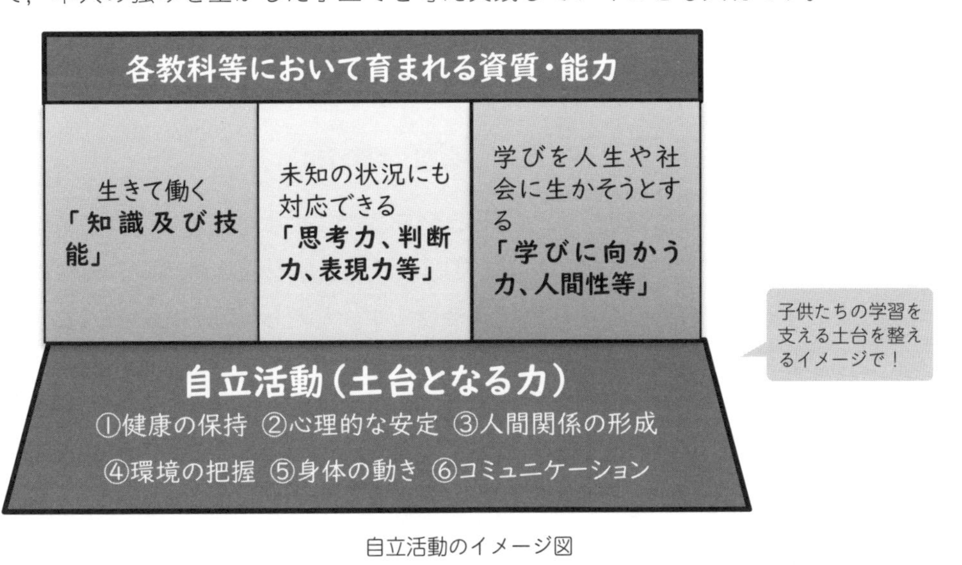

自立活動のイメージ図

【自立活動の目標の作成の流れ】（「特別支援学校教育要領・学習指導要領解説　自立活動編」第３章参照）

自立活動の個別の指導計画の作成の手順は，個人の実態把握から始まり，指導すべき課題を整理してから，指導の目標を設定します。その目標を達成するために，必要な項目を選定し，具体的な指導内容を設定していきます。

実態把握（必要な情報の収集・整理）	自立活動の６区分27項目に沿って整理します。
↓	
指導すべき課題の整理	課題を抽出し，課題同士の関連を分析して中心的な課題を明らかにします。
↓	
指導目標の設定	長期目標（年間）と短期目標（前期）を設定します。短期目標を積み重ねて長期目標へアプローチするイメージです。
↓	
指導目標を達成するために必要な項目を選定	自立活動の６区分27項目から必要な項目を選定します。
↓	
具体的な指導内容の設定	選定した項目同士を関連づけて具体的な指導内容を設定します。

校外学習

吉澤　洋人

安全・安心な校外学習（準備→実施→事後）

特別支援学校における「体験活動」については特別支援学校小学部・中学部学習指導要領の「総合的な学習の時間」及び同高等部学習指導要領の「総合的な探究の時間」の中に記載されており，校外での体験を積むことは大切な学習活動です。ただし同記載の中で「安全と保健に留意する」との記載もあり，その実施に関しては，普段の校内での授業以上に安全への準備と配慮が必要となります。また，普段とは違う環境での学習となるため，児童生徒が安心して主体的に実際の活動に臨むための情報提供や見通しをもつための準備が必要となります。当日の活動が成功体験となるよう設定を心がけ，活動後にはさらなる活動範囲の拡大や地域生活への広がりと意欲につながるような視点も大切にしていきたいところです。

事前の準備①　実地踏査

実地踏査のポイント→できれば複数で！　実際の実施時間で！　もしもの対応を！　行う。

〈事前のチェックポイント〉

□活動計画案（日時や行程に問題はないか？　教員配置などは十分か？）
　→活動案に基づいたKeyとなる活動や場所の写真・動画の撮影
□目的地（活動場所：広さ・危険個所・集合場所・トイレの状況や数など）
□移動手段（①徒歩：移動時の危険個所のチェック・トイレ等緊急時の対応）
　　　　　（②バス：経路と所要時間・駐車場確認・停車場所や乗降時の安全確認）
　　　　　（③公共交通機関：混雑具合と乗車位置・料金支払い方法・トイレ対応等）
□その他（緊急時対応＝ケガや体調不良，天災・雨天時対応・天候対応【暑さ・寒さ】）

実地踏査は，単なる現地下見の活動ではありません。可能ならば，上記のようなチェック項目を持ったうえで実際の校外学習を想定（例えば，児童のトイレの失敗：対応できる多目的トイレなどのスペースはあるか？　余裕をもった時間設定になっているか？）しながら実施したいところです。チェック項目は，過去の実施計画や活動の反省事項を確認することも必要です。

事前の準備②　情報共有→事前学習

実地踏査で得られた資料をもとに，校外学習の実施に向けた事前準備を行います。校内教員間で実地踏査結果を共有し，複数の教員の視点で校外学習に向けた準備を進めます。

❶ 情報共有

危険個所や校外学習の中心となる体験活動やその留意点を行程表や資料に沿って情報共有します。危険個所や保健に関わる事象については，学年主任や学部主任，養護教諭とも情報共有をし，安全と保健への配慮を行う必要性もあります。また，スクールバスや貸し切りバスを利用する際には，バス運行会社や運転手との打ち合わせも忘れず行いましょう。

❷ 活動への期待感と不安軽減のために

次は，児童生徒向けの事前学習の準備です。大きな目的をもつための行程理解や活動での目的・目標（例えば，公共の場でのマナー理解等）の設定が必要となります。児童生徒の実態に応じて必要な事前準備は様々に異なります。行程への不安感，こだわり行動のある人，個別対応については，各担任教諭と連携しながら必要な資料（写真や動画）を提示し，事前学習に生かしていきましょう。

当日　当日→事後学習

事前に準備をしても，当日は様々な要因（例えば，朝嫌なことがあってモンモン，天候不順でイライラ）で，予期しない事態が起こることや緊急対応が必要なこともあります。予定外の行動となってしまうときには，「場所」「状況」を周囲の教員に伝えることを意識しましょう。

❶ 事後の振り返り

活動後は，教員間での振り返りを実施しましょう。主な視点①学習活動の妥当性（場所，準備時間，支援内容），視点②危険個所や不測の事態への対応，視点③児童生徒のがんばりや新たな発見など。

❷ 成果のフィードバック

個別面談や連絡帳において，学習を通して得られた今後の可能性（例えば，見通し教材の成果，公共交通機関利用の様子など）をご家庭と共有しましょう。

熱中症

城田　和晃

熱中症について

熱中症は「暑熱環境にさらされた」状況下での様々な体調不良の総称です。軽症の場合には「立ちくらみ」や「こむら返り」など，重症になると「全身の倦怠感」，「脱力」，「意識障害」などの症状が現れ，最悪の場合には死に至ることもあります。

学校での熱中症による死亡事故は，その多くが体育・スポーツ活動によるものです。屋外で行われるスポーツ，屋内で行われるスポーツでは厚手の衣類や防具を着用するスポーツで多く発生する傾向があります。また，長時間にわたって行うスポーツでも多く発生する傾向にあります。

熱中症は暑い時期にだけ発生すると考えられがちですが，体を動かしているときには体が熱を発するため，リスクが生じます。夏のはじめや梅雨の合間などの体が暑さに慣れていない時期，急に暑くなった日，湿度が高く風のない蒸し暑い日にスポーツをすると，気温が高くなくても熱中症にかかる危険性があることを理解しておく必要があります。

熱中症予防のための「暑さ指数」の活用

「暑さ」への耐性や「暑さ」の感じ方は人それぞれ異なるものです。したがって，熱中症の危険性を判断する基準としては，暑さ指数（WBGT：Wet Bulb Globe Temperature：湿球黒球温度）を用いることが有効であると考えられます。

暑さ指数が 28℃を超えるような状況下では，日常生活の活動をしているだけでも，熱中症の危険性があることに留意する必要があります。そのためには担任として，どのような活動がどの程度の運動強度であるかを理解しておくことが重要です。例えば以下の表などを参考にしつつ，暑さ指数と照らし合わせて熱中症のリスクを判断する力を養うことも必要です。

「注意すべき生活活動強度の目安」(「日常生活における熱中症予防指針 Ver.4」日本生気象学会より)

軽い	中等度	強い
休息・談話 食事・身の回り 楽器演奏 裁縫(縫い,ミシンかけ) 自動車運転 机上事務 乗物(電車・バス立位) 洗濯 手洗い,洗顔,歯磨き 炊事(料理・かたづけ) 買い物 掃除(電気掃除機) 普通歩行(67m/分) ストレッチング ゲートボール※	自転車(16km/時未満) 速歩(95~107m/分) 掃除(はく・ふく) 布団あげおろし 体操(強め) 階段昇降 床磨き 垣根の刈り込み 庭の草むしり 芝刈り ウォーキング(107m/分) 美容体操 ジャズダンス ゴルフ※ 野球・ソフトボール※	ジョギング サッカー テニス 自転車(約20km/時) リズム体操 エアロビクス 卓球 バドミントン 登山 剣道 水泳 バスケットボール 縄跳び ランニング(134m/分) マラソン

※野球・ソフトボールやゴルフ,ゲートボールは,活動強度は低いが運動時間が長いので要注意

熱中症が疑われる際の応急処置

熱中症が疑われる際の応急処置としては,児童生徒を涼しい場所へ移動させることが大切です。冷房が効いた室内に移動することがベストですが,屋外の場合は風通しのよい日陰に移動し,安静にすることが重要です。そして,衣服を緩め,団扇などであおいだり,首の周りや脇の下などをアイスパックで冷やしたりして,体を冷やします。そして,水分の補給を促します。水分が補給できない,意識がないなどの症状が現れた場合は,救急搬送が必要となります。管理職や養護教諭と連携し,状況に応じた対応を適切かつ迅速に行っていきましょう。

熱中症を予防するための取組

熱中症のリスクが高まる時期に備え,暑さに負けない体づくりを行うことも大切な取組です。日常的な運動や遊びを通して丈夫な体をつくる取組を進めることが大切です。また,水分のこまめな摂取や日差しを避けるための取組,帽子の着用や衣服の調整などを指導していくことは,子供たちが自ら自分の体を守ることにつながります。日々の機会を大切に指導していきたいものです。

【参考文献】

- 文部科学省「学校の『危機管理マニュアル』等の評価・見直しガイドライン」
- 文部科学省「学校における熱中症対策ガイドライン作成の手引き(概要)」

保護者会，連絡帳，授業参観

山﨑慶太郎

連絡帳は保護者との大切なコミュニケーションツール

保護者にとっては，子供が１日の大半を過ごす学校でどのように過ごしているのか，しっかりと学習に取り組めているのか，友達や教師とコミュニケーションが図れているのかなど，とても気になるポイントだと思います。そうした中で，日々の子供の様子を見ている担任の先生からのコメントは，とても重要な情報になります。保護者によっては，連絡帳に自宅での子供の様子や，心配なことや困っていることなどを書いてきてくれることがあると思います。我々教師にとっても，こうした情報は児童生徒の家庭での様子を知ることのできる大切な情報になります。丁寧にやりとりをし，保護者と信頼関係をつくっていけるようにしましょう。

連絡帳の内容については，学校や児童生徒の実態に応じて設定する

連絡帳の書式については，学校で使用している書式がある場合もあれば，教師が独自に作成しているものもあり，様々だと思います。なかには日々の健康観察を兼ねている場合もありますので，職場の先輩に相談してみましょう。また，進学や就職を目指す高等部の生徒の場合は，自分で書類を書いたり，実習日誌を書いたりする力が求められます。生徒の実態に合わせながら，そうした練習の機会になるよう項目を設定しましょう。

〈連絡帳の項目例〉

◆家庭からの記載欄
- 家庭での様子　• 朝の様子，体温など　• 食事や排せつの記録　• 睡眠時間
- 提出物確認　等

◆学校からの記載欄
- 学校での様子（家庭からの記載欄にならって）　• 提出物確認
- 次の日（次の週）の学校の予定　• 児童生徒が記載する，１日の日記や振り返り欄　等

授業参観と保護者会

授業参観と保護者会については，近年では同日に開催している学校も増えているのではないでしょうか。保護者にとっては子供の学習の様子を参観した後，担任や関わっている教師と話ができる機会となります。保護者との信頼関係をつくることはもちろん，保護者同士の関係もつくることができる機会となります。教師からの一方的な伝達にならないように，保護者と双方向的に対話できる時間を十分設定すると，今後の円滑な学級経営にもつながっていくと思います。保護者会がスムーズに進行できるように，事前に会の流れや話す内容を決めておき，プリントにまとめておけると，保護者もどのように会が進んでいくのかイメージすることができるでしょう。プリントは当日参加できなかった保護者にも配付することができるメリットがあります。

高等部の生徒にとっては，進路選択もスタートしていく

高等部の生徒にとっては，今後の進路選択の流れもしっかりと確認しておく必要があります。就職を目指す生徒にとっては，現場実習の契約や実習期間の流れ，進路に関わる書類提出について。進学を目指す生徒にとっては，学校説明会やオープンキャンパス等について確認する必要があるでしょう。

進路選択については，生徒の実態にもよりますが，本人の意向をもとに支援をしていくことが大切です。そのためにも，保護者に進路選択に関わるスケジュール等を理解してもらえるように，ポイントをプリントにまとめておけるといいでしょう。

高等部の専門学科や職業コースでは，１年生の夏休み明けに「進路意向調査」が行われ，生徒・保護者の希望を確認する機会が設定されていることがあります。また，１年生の後半に，はじめての現場実習を設定しているところもあります。生徒・保護者が十分話し合いをして進路選択に臨めるように，保護者会の機会を活用して，保護者に見通しをもってもらえるとよいでしょう。必要に応じて，進路担当の教師に事前に相談をしてみましょう。

保護者から質問があったときに気をつけたいこと

保護者会では，保護者から質問があることがあります。答えられる質問には回答し，回答に困ったり難しかったりした場合には，「関係の先生と確認して，後ほどお伝えします」と答えましょう。わからないまま間違った回答をしてしまい，保護者から不信感をもたれることは避けたいものです。今後の学級経営がスムーズに行えるようにするためにも，わからないことは「わからない」と答え，関係する教師と確認してから回答できるといいでしょう。

プール指導，学校公開

渡辺　裕介

プール指導

6月に入り，プール等での水泳指導が始まります。暑い季節に冷たい水の中で活動するプール等での授業は，児童生徒がとても楽しみにしているものの1つです。しかし，溺れて呼吸ができなくなるなど大きな事故につながる可能性もあります。学校での救命救急に関する研修や，緊急時の対応について十分確認し訓練をしたうえで，実際の指導を行っていきましょう。

❶ 児童生徒の健康管理

水泳指導の可・不可の決定にあたって，定期健康診断の結果を，学校医との連携をもとに十分に活用することが重要です。水泳を行うことによる悪化や，他の児童生徒への感染の恐れがあるものについては治療等を依頼するなど，事前の丁寧な対応が重要となります。

また，水温や気温の影響があるので，児童生徒の当日の健康状態を把握することも大切なことです。学校によっては，当日の体調や保護者の確認などを記載した「健康カード」を使っています。通常と異なる状態の児童生徒については，プール等に入水した後も状態を観察し，不調の様子が見られたら指導を中断するなどの対応ができるように準備しておきましょう。

❷ 注意を要する児童生徒への対応

特別支援学校には，てんかん発作など意識に関わる症状がある児童生徒もいます。突発的な事故を恐れるあまり，過剰な制限を加えて，児童生徒の活動を制約したり，可能な成育を妨げたりすることはあってはなりません。

しかし，プール等に入水中に発作が起きる可能性もあるので，監視の役割は非常に重要となります。児童生徒や保護者等の了承を得たうえで，他の児童生徒と異なる水泳帽を身につけてもらうなど，異常事態を迅速に把握できるようにしていくことが求められます。

また，万が一溺れた場合の心肺蘇生や病院への連絡，搬送などの対応がすぐにできるように実際のシミュレーションを含めた訓練をしておくことも重要です。

❸ プールサイドの安全管理

プールサイドは滑りやすいことが多く，児童生徒の移動についても注意が必要です。また，水泳指導を見学する児童生徒もいますが，プールサイドの気温によっては熱中症等の危険もあるので，涼しい場所を確保できない場合には，見学以外の活動を設定するなどの対応が求められます。

学校公開

学校公開は，保護者以外の学校の関係者や地域の方，来年度以降の入学を考えている方などに対して，特別支援学校の教育について知っていただく重要な機会です。しかし，学校公開以外でも外部の方が学校の教育活動を見る機会は少なくありません。

学校公開の日は気をつけよう，と思っていても，急な対応などでいつもの対応が出てしまうものです。いつ，だれに見られてもいいように，教室等の整理・整頓や清掃など，日々取り組んでおくことが大切です。また，児童生徒への言葉かけについても，呼名での「くん，さん付け」や丁寧な言葉遣いについても，日々の取組が大切です。

最初にどのような印象をもたれるかで，その後の対応についても影響が出る場合があります。学校の雰囲気や教員の対応に対して好意的な印象をもってもらえれば，学校の応援団になってくださる場合もあります。地域に開かれた学校にしていくために必要な取組です。

学校公開の担当者となった場合には，上記の取組などについて全校への注意喚起を行うことに加え，玄関などの共有スペースについては担当者が確認し，必要に応じて整備しましょう。また，来校される立場に立って，説明や見学が予定の時間を超えないように気をつけるとともに，説明や接客の対応について見直し，常に改善を図ることが大切です。

〈学校公開　担当者としての留意点の例〉

◆参加者側の立場に立った校内環境整備
- 玄関，廊下，教室の清掃状況を確認し，必要に応じて追加の対応を依頼する。
- 掲示物等を点検し，個人情報等の観点で判断に迷う場合は，管理職等に相談する。
- わかりやすい校内案内を整備する。
- 教職員に対して，参加者等に対する対応について改めて注意喚起する。

◆円滑な運営
- 説明の内容等については，余裕をもって管理職等が確認できるようにする。
- 説明のリハーサル等を行い，予定の時間で運営できるか確認し，調整する。
- 説明用の原稿を作成し，必要な内容を端的に説明できるように準備する。

今月の見通し

7月 家庭と連携した生活指導

渡辺　裕介

今月の見通し

みとりと個別の指導計画
- 「個別の指導計画」の評価（前期）・作成（後期）

行事
- 終業式

生活に関わる指導
- 長期休業に向けた指導

保護者や関係機関との連携
- 「進路先等見学」「個別の移行支援計画」に基づく追指導

その他
- 専門性向上に向けた取組

学校生活

7月は夏休みを前に1学期の学習のまとめをする時期です。学期ごとに個別の指導計画の評価を提示している場合はもちろんですが，個別の指導計画を前期・後期で作成・評価している場合でも，1学期の指導の中で蓄積してきた児童生徒の評価を整理し，2学期以降の指導目標等を検討しておくことがとても大切です。

また，季節としては，本格的な夏が到来し，熱中症や食中毒，線状降水帯による短時間での集中豪雨，夏休み中の生活指導など，児童生徒の健康面や安全面についても十分な配慮が必要な時期です。学校としての組織的な対応だけでなく，児童生徒に必要な個々の対応についても事前に確認し，保護者ともしっかりと連携できるようにしていきましょう。

夏休みは長いようであっという間に過ぎていってしまいます。自分の余暇も含めてしっかりと計画して，充実した夏休みにしていってください。

学級経営のポイント

❶ 学級経営計画の見直し

学期中は，児童生徒の成長に合わせた課題の設定や，児童生徒間のトラブルへの対応など，個々の対応に追われがちだと思います。ぜひ夏休みの期間にそれらを整理して，２学期に向けて学級経営計画の見直しを行ってください。例えば，友達とトラブルになりやすい生徒がいて，その生徒が他の教室や職員室での係活動をできる力がついてきているとします。トラブルが起こりやすい時間に係活動を設定して，意図的に友達と関わる時間を減らすなど，課題と課題を組み合わせることで解決できることもあります。ぜひ工夫してみてください。また，学級経営計画等を保護者へわかりやすく説明することを意識して考えてみてください。だれにでもわかりやすく伝えられるくらい整理できると，実際の活動も変わってくると思います。

❷ 夏休み中の生活指導

夏休みは放課後等デイサービスを利用している児童生徒も多いと思いますが，家庭で過ごす時間も多くなり，学校ではできない活動ができる期間でもあります。こうした機会を捉え，夏休み前に保護者に対して，家庭でできそうな課題等を提示するなど，保護者と連携した取組を充実させていけるとよいでしょう。

また，高等部については健全育成に関わる不安要素がある生徒がいる場合もあります。学校で顔を合わせない時間も多くなることから，SNS 等でのトラブルについても増えることが懸念されます。夏休み前には，生活指導部等が注意喚起の文書等を配付すると思いますが，そうした機会を捉え，児童生徒の実態に応じて保護者とも連絡を取り，見通しをもった対応ができるようにしておくとよいでしょう。

仕事のポイント

● 服務事故防止

１学期の終わりということで，職場によっては懇親会などお酒を飲む機会も増えるかもしれません。職場の人間関係も大切ですが，飲酒に関わる事故等には十分気をつけましょう。令和６年11月１日から，自転車の飲酒運転や自転車走行中の携帯電話使用の罰則が新設された改正道路交通法が施行されるなど，取り巻く環境が変わっていることもあります。自分の時間が多くなる夏休み中は法令等の遵守をより意識して，服務事故に気をつけて過ごしましょう。

「個別の指導計画」の評価（前期）・作成（後期）

遠藤真由美

「個別の指導計画」前期の評価

個別の指導計画は多くの学校で前期・後期や学期ごとに作成されることにより，段階的かつ具体的な目標の設定が可能となっています。期末や学期末には学習成果の評価を本人や保護者に提示します。１学期末や前期の評価では，目標に照らし成果と課題を端的に表記し，次の個別の指導計画につなげていきます。本稿では前・後期と仮定していますので，個別の指導計画（前期）の評価と，個別の指導計画（後期）の作成は，７月から８月の夏季休業中を有意義に使うことをご紹介します。学校によっては，学年や学級ごとにケース会議等の時間を設け，評価と目標について，教員相互に検討することもあります。中学部，高等部と進学するにしたがい学級担任が直接指導に携わらない教科等も出てきます。学級担任だけで評価するのではなく，複数の教員により多面的に評価することで，より客観性の高い評価とすることができます。

「個別の指導計画」で評価を作成する際のポイント

個別の指導計画を作成する際に【知識及び技能】【思考力・判断力・表現力等】【学びに向かう力・人間性等】の３つの柱で目標を立てることを紹介しました。評価の際は，その目標に対し，児童生徒がどのような姿で学んでいたのかを中心に評価します。具体的には，児童生徒が学習したことの意義や価値を実感できるように，伸長の状況など量的な面に加え，児童生徒の意欲や可能性，学習の過程も重視することなどです。

評価期間の単位として，学期では長く，授業ごとではすべての評価に取り組むことは難しいため，単元ごとのまとまりで評価することを目安にするとよいでしょう。

評価の観点	文末表現
知識・技能	～できた。～を理解できた。～を身につけた。 等
思考・判断・表現	～していた。～を発表した。～を表現した。 等
主体的に学習に取り組む態度	～しようとしていた。～しようとした。 等

また，個別の指導計画は文章で評価することが多いため，上表のように文末表現についても統一していきましょう。

学校としての組織的な対応

学級担任として評価を作成した後は，所属している学年や学部の学年主任，学部主事等が組織的にチェックを行い，最後は管理職が確認します。学校によって提出や確認の方法は様々ですが，同じタイミングで後期の目標も確認することになりますので，指定の時期に間に合うよう，計画的に前期の評価をまとめ，後期の目標を立てていくようにしましょう。

なお，計画はあくまで計画のため，実際に授業を行ってみて，とある単元で目標の達成を想定していたものの，別の単元で成果が顕著に見られることもあります。個別の指導計画には教員の指導や支援を評価する側面もあるため，より的確な目標を設定するための改善も必要ですが，児童生徒の学習の様子から適切な評価につなげるため，例えば前期の個別の指導計画に記載されている目標を修正したうえで，前期の評価に反映することも可能です。その際は，修正した経緯について，児童生徒本人や保護者に丁寧な説明が必要です。

「個別の指導計画」後期の作成

前期の評価をふまえ，後期の目標を考えます。各教科の年間指導計画と照らし合わせることは前期と同様です。個別の指導計画（前期）の評価と，個別の指導計画（後期）の目標についても，保護者との共通理解が必要になります。どのような学習が計画され，どのような目標が設定され，目標達成のための手立てや配慮事項について，保護者が具体的にイメージできるように内容や伝え方を工夫しましょう。前期の評価については，写真等を撮っておくことで，個別懇談の際などにがんばりを伝えることも効果的です。

合理的配慮についても，児童生徒の伸長に伴い実態が変容し，必要なくなる配慮や，新たに必要となる配慮があるかもしれません。個別の指導計画の作成や評価の時期を契機に，合理的配慮についても再確認し，必要に応じて児童生徒本人や保護者と共通理解を図りましょう。

〈知っておきたいこと〉

- 日々の授業実践の記録が，評価につながる。個別の指導計画の目標から明らかにした課題に向かう，児童生徒の学びの姿を普段から記録する。
- 前期の評価・反省をもとに，後期の目標を設定する。

終業式

小笠原靖子

学期を振り返ろう

終業式は各学期のまとめとして，大切な儀式的行事となります。様々な学習活動や行事を経ているため，児童生徒はもちろんですが，教員としても始業式・入学式の頃に比べると見通しをもって終業式に臨むことができるのではないかと思います。ただ，まとめの儀式としての終業式にはまた違ったポイントがありますので，その点を確認して臨むようにしていきましょう。

終業式の主な流れ

終業式の流れとして，基本的なものには次のようなものがあります。

1　開式の言葉
2　校歌斉唱
3　校長先生の話
4　閉式の言葉

この流れの他にも，1学期間に大会などに参加した児童生徒が賞を受賞した場合の表彰や，転出入生がいた場合にはその紹介を行ったりすることもあるでしょう。また通知表等を校長先生より「がんばりましたね」の励ましの言葉とともに，各学部や各学年の代表者の児童生徒が全校の前でもらったり，各学部・学年ごとに1学期の学習で学んだことを発表する時間を設けたり，全校で季節の歌を一緒に歌ったりする場合もあります。

学校によっては，１学期に各学部・学年で取り組んだことや行事などの様子について，校長先生の話の中やその他の項目にて触れることがあります。児童生徒のわかりやすさによっては，映像で視覚的に示したりすることもあります。他学部や他学年の様子を知ることもできるので，一緒の学校で過ごす他の児童生徒がどのようなことに取り組んだのかを相互に理解し合うことのできるよい機会となります。また１学期の終業式の後には長い夏休みが始まります。終業式の中で夏休みの過ごし方について触れることもあると思います。夏休みは学校生活の中で一番長い休業期間でもあり，児童生徒が家庭や地域で過ごす時間も長くなります。健康面（熱中症への対応，規則正しい生活の維持），学習面（学習習慣を継続すること，宿題などを通じて１学期の復習を行うこと），生活面（携帯電話やSNSの適切な利用，事故などに遭わないように気をつけること）についての注意喚起も終業式の中で行われることがあります。

終業式を迎えるにあたり

終業式は学期の区切りとして実施するため，終業式前までにはその学期をまとめる取組などの実施も考えられます。学級活動の時間や生活単元学習などにおいてその学期に自身ががんばったことを振り返ることで，成長した自分を感じるとともに「２学期はこんなことに取り組んでみたい」と考える機会となります。その際にワークシートへの文章の記入や学習の様子の写真を添付することで，自身での振り返りと保護者など他の人たちにも具体的に伝えることができます。終業式を迎えるにあたって，ぜひそのような取組を実施し，「１つの区切りを具体的にまとめ，次への意欲につなげる」活動としていってください。

儀式における配慮について

特別支援学校においては，儀式への参加をよりスムーズにするために児童生徒の障害の状況に応じて次のような配慮が考えられます。

- 発声が不明瞭な児童生徒が全校の前で発言する際
  →VOCA（Voice Output Communication Aid：音声出力型コミュニケーションエイド）の活用
- 手話を用いる児童生徒
  →手話通訳の配置，文字起こしを行うことのできるシステムを用いてスクリーン表示
- 儀式の流れに見通しのもちにくい児童生徒
  →スケジュールの視覚的な提示

生活に関わる指導

長期休業に向けた指導

吉澤　洋人

長期休業日前の生活指導について

児童生徒にとって楽しみな夏休みなどの長期休業期間，教員にとってもそれまでの実践をまとめたり，じっくりと教材研究等に取り組めたりできる期間となります。しかし，楽しみな反面，児童生徒が問題やトラブルに巻き込まれやすい期間とも言えます。児童生徒が，長期休業日の意義を十分に理解し，心身ともに健康で安全に生活できるよう，一人一人の障害の状態や特性及び心身の発達の段階，生活経験等に十分配慮した生活指導を行うことが大切です。

長期休業中に気をつけるべき注意点

例えば，大きく以下のような内容が考えられます。

①休業中の生活について　②安全について　③様々なトラブル防止についてです。

各年齢段階（学部）に合わせて，重点を変えていきましょう。例えば，小学部段階では①を大きく扱いながら②・③については「家族と一緒に」などのキーワードを用い，中学部，高等部段階と年齢が上がるにしたがって，②・③の内容が増えていき，キーワードも「周りの信頼

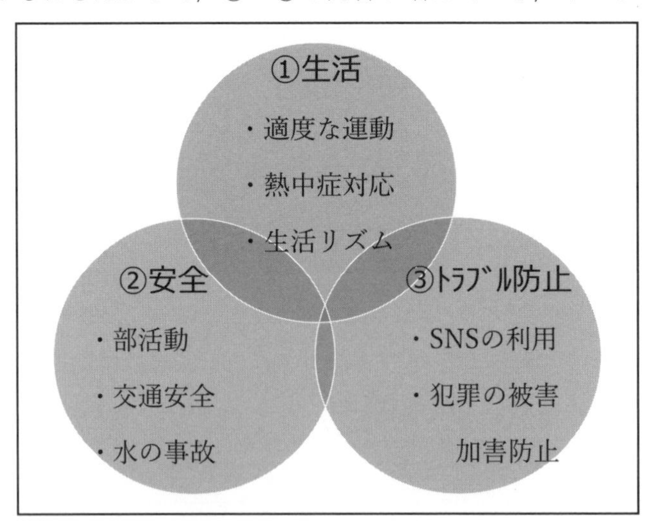

できる大人に相談する」というように変化していくかもしれません。実際の指導時には，生活指導部の先生に相談しながら，学部や学年といった全体で指導する内容，学級単位でより個別具体的に扱う内容を分けて計画することで，より児童生徒一人一人の実態に沿うことができます。

命の大切さを伝えよう

文部科学省がまとめたデータでは，９月は児童生徒の自殺者が１年でもっとも多くなります。悲しい現実です。長期休業前には，ぜひ命の大切さについて児童生徒に伝えていきましょう。その際には，悩みについて「相談する」ことの大切さや有効性（だれかに伝えることで心が軽くなる）についても合わせて伝えることを心がけてください。

１人で思い悩まず，相談できる場所があることを具体的に示すことが重要です。

児童生徒が思い悩む事柄は多岐にわたります。また，相談方法も電話だけでなく，SNS等を介しての方が相談することへのハードルが下がることも考えられます。

相談窓口は，各都道府県別に設定されていることが多いですが，文部科学省のホームページから「子供のSOSの相談窓口」と検索すると，「SNSで相談」，「電話で相談」の窓口紹介と合わせて，「地元の相談窓口を探す」ことができます。それぞれの地域の相談窓口を事前に確認しておけるとよいですね。以下のQRコードからご参照ください。

文部科学省「子供のSOSの相談窓口」

児童生徒が家族や社会の一員として，役割をもって生活し，希望と意欲をもって長期休業日後も笑顔で学校生活を迎えられるよう指導を考えていきましょう。

【参考文献】
- 東京都教育委員会「【指導資料】夏季休業日をよりよく過ごすために」
- 文部科学省「児童生徒の自殺予防に係る取組について（通知）」

「進路先等見学」「個別の移行支援計画」に基づく追指導

山﨑慶太郎

児童生徒の卒業後の生活をイメージするための「進路先等見学会」

夏季休業期間に入ると，卒業生が就職した企業等から，見学会の案内が来ることがあります。児童生徒の高等部卒業後のイメージをもつために，可能な限り参加してみましょう。また，企業だけでなく，就労支援センターや相談支援事業所，グループホーム等の見学案内も来ることがあります。学校の職員研修に位置づけられていることもありますが，先生自身の視野を広めるためにも，可能な限り見に行くことをおすすめします。卒業後に児童生徒と関わる機関を知っておくと，本人・保護者と進路選択の話をする際のイメージがより明確になると思います。また，保護者を対象とした見学会もありますので，我が子の将来のイメージをもってもらえるように，必要に応じて紹介してみるのもよいでしょう。

卒業生への卒後支援（アフターフォロー）の実際

高等部においては，卒業生の現状把握，アフターフォローも大切な取組です。個別の移行支援計画をもとに，卒業生の現在の職場定着状況を確認し，課題の見えてきた卒業生については，関係支援機関と連携を図りながら，適切な改善支援を行うことが重要です。アフターフォローについては，進路担当を中心に計画が組まれ，仕事内容は「就職先への電話連絡」，「会社訪問」，「保護者や本人への電話連絡」等，学校の計画によって様々です。担当となる仕事について，進路担当と連携し，情報を共有しながら取り組んでいきましょう。

気になったことはすぐに進路担当と共有

卒業生の状況を確認していくと，「仕事に関する悩み」，「家庭生活の悩み」，「人間関係の悩み」等，様々な課題が見えてくることがあります。仕事が休みがちになったり，睡眠時間が十分に取れていなかったり等，どんな些細な情報であっても，しっかりと記録を取って進路担当の教師に報告し，必要に応じて就労先や支援機関と情報共有を行って対応できるようにしましょう。適切に対応することで，卒業生の離職を防ぐことはとても重要です。

夏季卒後支援　聞き取り記録シート

聞き取り日時：令和　年　月　日　：　【担当者：　】

対象者氏名：　（第　期生）　就労（所属）先：

連絡先電話番号：

保護者からの聞き取り（できるだけ本人以外の方の見立てを聞き取る）

話を聞けた人（　）

1　勤務状況

4　人間関係

2　体力面

5　家での生活

3　勤務態度・意欲

6　余暇

7　課題・困りごと等

本人からの聞き取り（家族からの聞き取りができなかった場合）

1　勤務状況

4　人間関係

卒後支援聞き取り記録シートの例

課題に応じて関係機関と連携を

卒業生の課題がわかったら，必要に応じて関係機関と情報共有をし，対応をしていくことが必要です。進路担当の教師と確認することが大切です。また，関係機関と言っても内容に応じて相談窓口が変わります。相談内容に適した支援機関を選びましょう。

〈卒業後に関わる支援機関〉

◆就労に関わる相談

- 障害者就労・生活支援センター　・市区町村障害者就労支援センター　等

◆生活に関する相談

- 中核地域生活支援センター　・相談支援事業所　・市区町村福祉窓口
- 地域生活支援事業　等

7月

その他

専門性向上に向けた取組

渡辺　裕介

専門性向上の必要性について

特別支援学校に限らず，教員は教える専門職であり，教育公務員特例法第21条で「教育公務員は，その職責を遂行するために，絶えず研究と修養に努めなければならない」と示されています。教員としての指導力が高まり，思い描いた通りの授業ができると，教員としての生活がさらに充実していきます。夏季休業などの時期を活用し，自分の成長への期待をもって前向きに専門性を高めていってほしいと思います。

令和４年８月31日に「公立の小学校等の校長及び教員としての資質の向上に関する指標の策定に関する指針」が改正されました。その際に，「公立の小学校等の校長及び教員としての資質の向上に関する指標の策定に関する指針に基づく教師に共通的に求められる資質の具体的内容」が次の図のように示されました。

ここでは，「教職に必要な素養」を土台として，「学習指導」「生徒指導」が中心にあり，「学習指導」「生徒指導」を個別最適に行うためのものとして，「特別な配慮や支援を必要とする子供への対応」が位置づけられました。

特別支援学校の教員の基本となる所持免許は「教科の免許」＋勤務する学校・学部の障害種別の「特別支援学校教諭免許状」です。すべての学校で特別支援教育は進められていきますが，地域の特別支援教育に関する拠点校となる特別支援学校の教員については，特別支援教育に関するより高い専門性が期待されます。

教育職員免許法附則第15項「幼稚園，小学校，中学校又は高等学校の教諭の免許状を有する者は，当分の間，第３条第１項から第３項までの規定にかかわらず，特別支援学校の相当する各部の主幹教諭（養護又は栄養の指導及び管理をつかさどる主幹教諭を除く。），指導教諭，教諭又は講師となることができる」ことから，特別支援学校教諭免許状を取得せず，特別支援学校で採用される方もいます。もし「特別支援学校教諭免許状」を未取得の場合には，まず免許を取得しましょう。

専門性向上に向けた取組について

令和４年７月に「特別支援教育を担う教師の養成の在り方等に関する検討会議」において「特別支援学校教諭免許状コアカリキュラム」（以下，コアカリキュラム）が取りまとめられました。このコアカリキュラムは，全国すべての大学の教職課程で共通的に修得すべき資質能力を示しています。コアカリキュラムに対応した本も出版されてきていますので，専門性向上の入り口として，まず押さえておいてよいのではないでしょうか。

例えば，コアカリキュラムの中には「心身に障害のある幼児，児童又は生徒の心理，生理及び病理に関する科目」が設定されています。なぜなら「心理・生理・病理」について知ることは，障害のある子供たちの特性を理解するために必要だからです。

特性を理解せずに指導を行っていると，当然，子供たちが失敗する可能性は高くなります。失敗が続けば，自己肯定感は低くなり，学習に対する意欲も落ちていくでしょう。子供たちが失敗してしまう原因はどこにあるのかを「心理・生理・病理」等に基づいて仮説を立て，常に指導を工夫することが大切です。

特別支援学校の教員は「教科の指導方法」と併せて「特別支援教育の専門性」を身につけていくことが求められます。「特別支援教育の専門性」に関する内容は，子供たちの実態に応じて非常に多岐にわたります。目の前の子供たちの指導に必要なことについて，一つ一つ学んでいくとよいと思います。

【参考文献】

● 勝二博亮編著・細川美由紀ほか著『知的障害児の心理・生理・病理』北大路書房

4月
5月
6月
7月
8·9月
10月
11月
12月
1月
2月
3月

8・9月

今月の見通し

２学期に向けての準備

渡辺　裕介

今月の見通し

みとりと個別の指導計画
- 個別課題の見直し

行事
- 職場見学・ぷれジョブ

生活に関わる指導
- 学習環境づくり

保護者や関係機関との連携
- 「支援会議」の実施，後期に向けた「個人面談」

その他
- 教科等の指導（知的障害・知的代替の教育課程）

学校生活

８月も後半になると，９月，２学期に向けての準備が始まります。夏季休業をしっかりと取りつつ，２学期が始まってから慌てないように，授業や行事等の準備も進めておきましょう。

学級経営のポイント

❶ 学級担任による危機管理

教室には，様々な危険があります。ハサミやカッターなどの危険な道具などは，鍵のかかる場所に保管してあるでしょうか。重い荷物を棚の上に置いたりしていないでしょうか。個人情報は学校で決められた手順で取り扱っているでしょうか。窓は児童生徒が外に出られないようになっているでしょうか。児童生徒が教室内で動いたときにつまずきそうな場所はないでしょうか。学校によっては「教室環境チェック表」などを作成し，定期的に点検している例もあります。まず，教室環境等の整備などできることをしっかりやって，事故の未然防止に努めましょう。

また，教員には安全配慮義務があります。児童生徒の在校中は，常に児童生徒の危険を予測し，安全への配慮をしながら指導にあたりましょう。特に注意を要するのが，もともと授業として計画していなかった活動が急に入ってきたような場合です。せっかくだから経験させてあげたい，と思ったとしても，まずは安全に実施できるかを考えましょう。間違っても，安全・安心な状況を用意できていない場面で，指導内容を優先しないように気をつけてください。

そして，もし事故が発生した場合には，学校の危機管理マニュアルに沿った対応ができるように手順等を確認しておきましょう。しかし，準備していても，実際に事故が起きた場合には焦ってしまうものです。事故発生時は初期対応がもっとも重要です。１人で抱え込まず，まずは周りの教員や管理職に助けを求めましょう。その後は，管理職の指示に従って，児童生徒及び保護者等の対応についても丁寧に行っていきましょう。

❷ 発災時の避難行動の確認

９月１日は「防災の日」であり，保護者への引き渡し訓練など，様々な災害を想定した防災関係の取組を実施する学校も多いと思います。こうした取組は，日頃の学校の防災について見直す意味もあります。学校の避難訓練等において，地震，火災，豪雨災害等が万が一発生したときに，自分１人でも児童生徒の安全を守れる行動が取れるか改めて確認しておきましょう。

仕事のポイント

● 将来を見据えた進路指導

進路指導には，手順があります。まず児童生徒（及び保護者）が自分のことをよく知ること，その次に進路先について知ること，そして，知的障害特別支援学校高等部段階では産業現場等での実習を経て，自分に合った進路先を見つけていくと同時に，進路先に選ばれることで進路先が決定していきます。事前の準備がきちんとできていないと，進路先とのマッチングがうまくいかない場合が出てきます。

また，進路指導は教員としての総合力が問われます。教員としての指導力だけでなく，上級学校や進路先についての理解，障害のある方の地域生活の実態などについても把握している必要があります。自分もしっかり学びながら，児童生徒及び保護者に対してポイントを押さえて説明できるようにしていきましょう。

高等部段階で進学を希望する場合は，通常の学校での進路指導に準じますが，受験や入学後における合理的配慮等について，十分に確認しながら進めていくことが大切です。

みとりと個別の指導計画

個別課題の見直し

根本　麻美

1学期の取組を評価する

個別課題については，夏季休業期間中等を利用し，１学期の取組について評価を行います。児童生徒の活動を評価することは当然ですが，指導内容や方法が適切であったかどうか教員の自己評価も重要です。

４月は学級担任や学級編制が変わることも多く，まずは人間関係を形成する時期であり，年度当初に個別の指導計画を作成した際には把握しきれなかった実態や課題も出てくるでしょう。

必要に応じて実態把握の内容や中心課題等を修正しながら，自立活動の個別の指導計画の学習評価等を行うことで，成長し改善・克服したところ，成長しつつもう少し指導を継続したいところ，改善が見られないために指導方法を見直した方がいいところなどを明確にし，２学期以降の個別課題の見直しを行います。その際，指導者間で評価を共有し，多角的な視点から児童生徒の学びの姿を見取ったり，改善策を話し合ったりすることが重要です。

個別課題の見直し

１学期の学習評価をもとにして，２学期も継続して行いたい課題と改善が見られなかったので方法を変えて行う課題，新たに必要になった課題の３つに分類して，個別課題の見直しを行います。

このとき，２学期以降の学級経営方針についても合わせて検討することで，個別の支援内容や係活動などの見直しも図られ学級経営の充実につながります。２学期は，人間関係も形成され，学級集団としても落ち着いてくる時期です。意図的に，教員の支援を減らしたり，友達と協力して取り組む係活動などを設定したりすることで，学級集団としてもレベルアップを目指しましょう。

実践例から：Aくん

❶ 実態と課題

Aくんは小学部5年生の男子で知的障害とADHDの診断を受けている児童です。身辺処理はほぼ自立していて，言葉でのやりとりは可能ですが，衝動性が強いために気持ちや行動の調整が難しかったり，周囲の様子が気になってしまい選択的注意が難しく，集中が続かなかったりします。それによって，友達とトラブルになったり，ケガをしたりすることが多いです。また，衛生面への意識が薄いため，気候に応じた衣服の調整をすることや身だしなみを整えることに課題があります。

❷ 1学期の取組の様子と個別課題の見直し

朝の日常生活の指導の時間に，SSTカードを使って，状況に応じた行動を考える学習を行いました。継続することで，カードの中の問題点に気づき，状況に応じた行動を考えて話すことができるようになってきました。しかし，実生活の場面になると般化することが難しかったため，2学期は実生活の中で起きた場面を使って，より具体的に問題点や登場人物の感情，状況に応じた行動を考えられるようにしました。

また，休み時間に，「だるまさんが転んだ」や「氷鬼ごっこ」などの身体を動かすゲームを提案し，友達と関わる中で勝敗などの意に沿わない状況や静と動の行動の調整をしなくてはいけない状況をつくることで，楽しみながら気持ちや行動を調整する経験を積み重ねられるようにしました。繰り返し取り組むうちに，意識して行動を調整する力が高まり，ケガをすることが少なくなってきました。気持ちの調整については，負けたときに切り替えに時間がかかることが多かったため，2学期も継続して取り組むことにしました。

❸ その後の様子

具体的な場面を想定し，ロールプレイ等を交えながら状況に応じた行動を考える学習を繰り返したことで，状況を予測できるようになり，「この後ぶつかってケガをしちゃうんじゃないかな」「これをされたらムカムカしちゃうね」などと，その後に起きる問題点や状況に応じた行動を考えるようになりました。その結果，日常生活の中で同様の場面に遭遇したときに「ここで走ると，1年生がケガしちゃうかもしれないから，違う場所で遊んだ方がいいと思う」と話して，行動を調整する姿が見られるようになりました。また，ゲームに負けると大声を出したり，物に当たったりして怒ることがありましたが，「悔しい。次は絶対勝つ」と言葉で気持ちを表現するのみで，気持ちを調整する姿が見られるようになりました。どうしても気持ちの調整がつかないときには，「1人にして」と自分から別の部屋に行って気持ちを落ち着けようとする様子が見られました。

職場見学・ぷれジョブ

吉澤　洋人

みのりある職場見学や体験を目指して

特別支援学校の多くでは「職業・家庭」や「職業」の授業で，中学部段階から高等部卒業後を見据えて地域にある障害福祉サービス事業所や障害者雇用を進める企業への「職場見学」を実施しています。また地域によっては，放課後や休日に短時間の「おしごと」体験を行う「ぷれジョブ」という活動が行われている地域もあります。いずれの活動でも児童生徒の見学や体験がよい体験となるよう，そしてそれが卒後の地域生活につながっていくよう，単なる見学や体験にとどめない計画が必要となります。

事前学習について

見学先は地域的にも仕事内容としても生徒にとって身近な場所が選ばれます。事前学習を通して，生徒が見学に期待感をもてるように準備を進めましょう。その際に事業所に関する情報（例えば，作業製品の実物や働いている様子の写真や動画）があると，見学への期待感も広がります。同時に見学に伴う注意点（集団行動時のルールや，見学先でのマナー）も押さえておきたいポイントです。

〈職場見学事前ワークシートの項目例〉
①基礎情報：事業所の名前，主な仕事内容
　※身近な卒業生がいるときには，その情報も。
②聞いてみたいこと【ここが知りたい！】
　※作業製品や動画などがあると，質問したいことが広がります。
　　→質問への回答欄もあると，見学時にそのまま使えます。
③見学してわかったこと
　※発見ポイントをまとめておけると，お礼状など事後学習に活用できます。

見学の実際→事後学習（お礼状の作成），事後の活動への広がり

❶ 見学の実際

あらかじめ，質問したい内容を準備したうえで見学に臨みますが，事前情報だけではわからない新たな発見があるのも実際に見学ができることの醍醐味です。生徒が準備した質問事項を把握しておくと，実際の見学のときに，新たな質問等を引き出せるかもしれません（例えば，現場の室温や音環境，匂いなど）。

❷ 事後学習

見学でわかったことを事後学習でまとめ，お礼状を作成します。この習慣は，高等部での現場実習の事後学習にもつながります。また，学校に戻った後に見学から学び，学校生活（作業学習など）に生かしていることを伝えられると，見学を受け入れてくれた事業所や卒業生本人にとっても，大変励みになっているようです。

〈引率教員として見学の際に気をつけたいこと〉

◆訪問時の見学順序や先方の担当者の確認

最初はどこに行くの？　挨拶はだれにするの？

※見学の際に困るポイントの１つです。事前に確認できるとよいでしょう。

◆場に応じた服装や言葉遣い

※①服装：スーツなのか，ビジネスカジュアルでもよいのか？

※②言葉遣い：（普段から気をつけることですが…）見学先だけではなく，改めて生徒に対する言葉遣いも普段以上に意識しましょう。

大切な視点：学校を代表していることを意識し，見学先のルールに対応することを意識しましょう。必要な情報や各事業所において気をつけるべき点については，事前に先輩教員や高等部の進路担当教員から情報を得ておきましょう。

〈新たな職場見学の形〉

オンライン環境の充実に伴い，肢体不自由部門中学部を対象としたWeb会議システムを活用したオンラインでの職場見学など新たな職場見学の形も出てきています。

【参考文献】
- 東京都肢体不自由特別支援学校進路指導連絡協議会資料　令和６年度オンライン職場見学会

生活に関わる指導

学習環境づくり

城田　和晃

学習環境づくりの重要性

特別支援学校に在籍する児童生徒は，様々な情報を得ることに困難がある場合があります。児童生徒が，「いつ」「何を」「どのように」すればよいかがわかりやすい学習環境を整えることは，わかりやすい授業をつくるうえで欠かせない取組です。また，このことを通して，教師の少ない支援の中で，主体的に学習に取り組むことができるようになります。

児童生徒が単元や授業の目標を達成できるよう，児童生徒の視点に立って，目標や目標に向けた道筋が「わかりやすい」学習環境を準備することはとても大切です。

学習環境づくりのベースライン

学習環境を整えるうえで基盤となる４Ｓ（よんえす）について紹介します。４Ｓとは企業等で用いられることが多く，整理（Seiri），整頓（Seiton），清掃（Seiso），清潔（Seiketsu）を行うことを指します（しつけ（Shitsuke）を加えた５Ｓも普及しています）。

学校現場においては，「学習に必要なものだけが置かれ，必要なものがいつも同じ場所にあり，必要なものが汚れなく，いつ見てもその状態が維持されていること」となるでしょう。４Ｓは，目標に合った学習環境を整えるうえで，まずは配慮すべき視点であると思います。

児童生徒の実態及び学習の目標に即した学習環境づくり

小学部低学年の児童や自閉症のある児童生徒を対象に学習を展開する場合，同じ場所が様々な用途で用いられると，そこが何をする場所なのか理解することが難しい場合があります。そのような場合は，１つの場所に１つの機能を与えることが有効です（図１）。また，パーテーションを活用して，周囲の刺激に配慮する工夫も考えられます。

また，中学部や高等部で行われる作業学習は，「児童生徒の働く意欲を培い，将来の職業生活や社会自立に必要な事柄を総合的に学習するもの」ですから，流れ作業を取り入れ，その作業に責任をもって取り組む態度や，製品を作る流れが滞ったときにはどのように臨機応変に対応するかといった態度を養う取組も学習環境づくりにより可能となるでしょう（図2）。

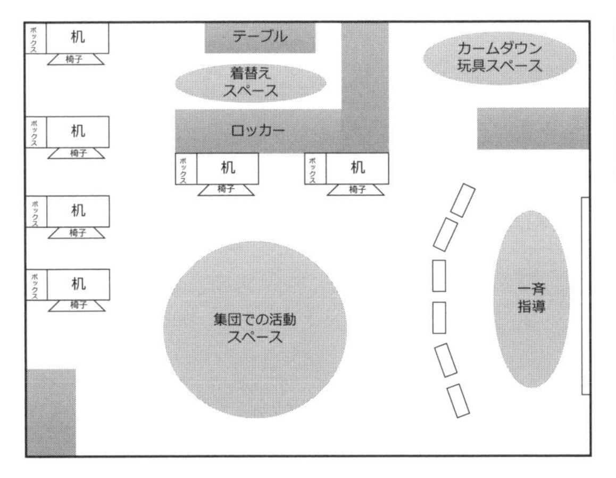

図1

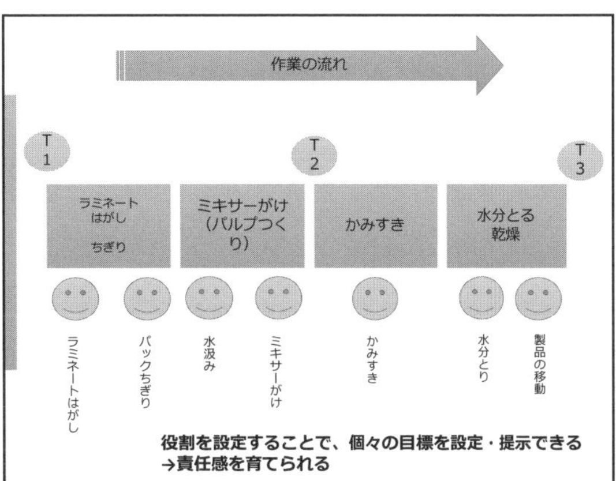

図2

成長を促すための学習環境づくり

前述の通り，小学部低学年の児童や自閉症のある児童生徒は，活動と場所を固定したり，パーテーションを活用することで刺激をコントロールしたりすることによって，安心して授業に参加できるケースが少なくありません。一方で，子供たちは日々成長しています。パーテーションを外したり，座席の向きを変えたりすることでより多くの外界の刺激を取り入れ，さらなる成長が促されることもあるでしょう。児童生徒の実態に応じ，その成長を促すために学習環境をデザインし直すことも担任の重要な役割です。

単元や授業の目標を意識すること，そして児童生徒の成長という視点から柔軟な発想をもって学習環境づくりにトライしてみることが，教師としての専門性の向上につながります。

【参考文献】
- 厚生労働省「職場のあんぜんサイト」
- 文部科学省「特別支援学校学習指導要領解説　各教科等編（小学部・中学部）」

保護者や関係機関との連携

「支援会議」の実施，後期に向けた「個人面談」

伊藤　紘樹

「支援会議」とは？

児童生徒の支援を行う機関は，学校だけではありません。近年は，様々な機関が児童生徒や家庭と関わりをもっています。そのため，児童生徒に関する課題に対応していくために，学校以外の機関と情報を共有し，それぞれの専門性で対応にあたるための共通理解を図ることがあります。そうしたことを目的とした会議のことを「支援会議」と言います。

支援会議は，定期的に実施することもあれば，対応すべき事案が発生した際に設定することもあります。実施にあたっては，担任１人だけで対応するのではなく，学年主任や学部主事，特別支援教育コーディネーター等に相談しながら進めていくことが大切です。

支援会議の設定までに大切なことや会議の進め方，会議後に大切なこと等については，２月「年度末の『支援会議』『個人面談（進級・卒業)』」の中でくわしく述べていきます。

「年度はじめ」の個人面談と「後期に向けた」個人面談の違い

２学期制を採用している学校では，９月の前期末に個人面談を設定していることが多いのではないでしょうか。個人面談は，年度はじめにも実施しましたが，この時期の個人面談ではどのようなことに気を配ればよいのでしょうか。９月に実施する個人面談では，主に次の２点について確認することが多いです。

❶ 前期末評価

個別の指導計画をもとに短期目標に対する評価について保護者と確認します。校内で取り組んだ支援について説明し，目標の進捗について確認します。場合によっては，新しい目標について確認，共有することもあります。

❷ 児童生徒の様子の共有

❶の内容と重なることもありますが，校内における児童生徒の様子について共有します。授

業中の様子はもちろんのこと，休み時間や他の児童生徒との関わりについても共有できるとよいでしょう。また，保護者から最近の家庭での様子についても確認しましょう。

個人面談で児童生徒の様子を共有するために大切なこと

年度はじめの個人面談同様，限られた時間の中で児童生徒の様子を共有するためには，事前の準備が大切です。直接話すことができる機会であるからこそ，次に示す３つの視点で整理し準備することが望まれます。

❶ 具体的なエピソードを準備する

児童生徒の様子を伝えるとき，具体的なエピソードを用いると効果的です。伝えたい子供の姿の共有しやすい出来事を準備しておきましょう。内容が冗長にならないよう，事前に整理しておくことも大切です。また，課題となる行動だけ取り上げるのではなく，「よかった点」や「成長が見られたところ」についても伝えることが重要です。子供が「がんばっている姿」を家庭と共有できるよう，伝える内容について事前に整理しておきましょう。

❷ 可能であれば，写真や動画を準備する

上記の内容と重なりますが，子供の様子を写真や動画を用いて示すことも効果的です。また，子供の制作物を提示することも有意義です。写真や動画を取り扱う際には，必ず校内のルールを確認し，学年や学部内で共有してから進めるようにしましょう。

❸ 保護者が発信しやすい問いかけを準備する

家庭での様子について尋ねる際，「〇〇について」という方向性を提示することも大切です。保護者が話をするきっかけづくりになると同時に，学校が確認したいことに焦点化することにもつながります。

〈前期末個人面談に向けた準備のチェックポイント〉
□面談で確認することは整理できたか？
　→ Keywords：個別の指導計画，期末評価，目標・支援の手立ての確認，児童生徒の様子
□子供の姿を保護者と共有するための準備はできたか？
　→ Keywords：エピソード，児童生徒の作品，写真や動画，掲示物

教科等の指導
～知的障害・知的代替の教育課程～

渡辺　裕介

特別支援学校の教育課程の特徴について

特別支援学校の教育課程の特徴について簡単に触れておきます。

❶ 自立活動

特別支援学校の教育課程の大きな特徴の１つとして「自立活動」という特別の領域があります。「自立活動」は「個々の幼児児童生徒が自立を目指し，障害による学習上又は生活上の困難を主体的に改善・克服するために必要な知識，技能，態度及び習慣を養う指導」です。知的障害の教育課程の場合には，「自立活動」の時間を設定して指導するとともに，学校の教育課程全体を通して指導していくため，各教科等の指導においても，個別の指導計画に記載された「自立活動」の指導が必要となります。「自立活動」については，特別支援学校教育要領・学習指導要領解説の自立活動編を熟読してください。

❷ 知的障害者である児童又は生徒の教育課程における「各教科等を合わせた指導」

各教科等を合わせて指導を行うことに係る法的な根拠は，学校教育法施行規則第130条第２項に，特別支援学校において「知的障害者である児童若しくは生徒又は複数の種類の障害を併せ有する児童若しくは生徒を教育する場合において特に必要があるときは，各教科，特別の教科である道徳，外国語活動，特別活動及び自立活動の全部又は一部について，合わせて授業を行うことができる」とされていることです。

このことを受けて設定される「各教科等を合わせた指導」としては，学習指導要領では「日常生活の指導」「遊びの指導」「生活単元学習」「作業学習」が示されていて，この他にも学校設定教科として設定している例もあります。くわしくは，学習指導要領等をよく確認してください。

「自立活動」と「各教科等を合わせた指導」についてよく理解しておくことは，特別支援学校の授業をつくるうえで非常に重要なので，できるだけ早い段階で整理しておくとよいでしょう。

特別支援学校（知的障害）の各教科の指導について

ここでは，知的障害者である児童又は生徒への各教科の指導について記載します。

特別支援学校小学部・中学部学習指導要領では「ア　第２章以下に示す各教科，道徳科，外国語活動，特別活動及び自立活動の内容に関する事項は，特に示す場合を除き，いずれの学校においても取り扱わなければならない」（第１章総則　第３節教育課程の編成　３教育課程の編成における共通的事項　(1)内容等の取扱い）と示されています。「特に示す場合」とは同学習指導要領における「第８節　重複障害者等に関する教育課程の取扱い」を指しています。ただし，重複障害者等であっても，安易に取り扱わない内容を設定してしまうことは避けなければなりません。

知的障害の教育課程においては，学習指導要領に準拠した教科書がない教科等もあります。そこで，各教科等の授業を設計するうえで，次のことに気をつけましょう。

- 授業の中で扱う内容が，どの教科の指導内容を取り扱っているかを明確にすること
- これまで取り扱っていない指導内容を把握し，以後の授業で取り扱うことができるようにすること
- 取り扱う指導内容が生徒の実態に合っていない場合，生徒の実態に合わせて具体的な指導内容を設定できることが，特別支援学校の教員の専門性であること
- 授業での設問などが，取り扱っている指導内容に正対しているかを意識すること

例えば，図形を取り扱った授業で，「♥」を示して「これは何ですか」と質問した場合には，記号の形状と「ハート」という言葉のマッチング学習です。図形というと一般的には数学の指導内容ですが，この場合は国語と捉えられるかもしれません。「何を学ぶか」「どのように学ぶか」「何ができるようになるか」をきちんと整理して理解しておくことが大切です。

各教科等を合わせた指導における留意点

「各教科等を合わせた指導」は，各教科の内容を取り扱ううえで，各教科等を合わせて指導することが効果的な場合に行う指導の形態です。例えば「生活単元学習」としての内容は学習指導要領には書かれていませんので，取り扱う内容については，各教科からもってくることになります。このとき，きちんと意識をしていないと，ある教科の特定の内容ばかり扱ってしまい，他の内容を全然取り扱えていなかった，ということが起きる場合があります。

各学校において，どの教科等でどの内容を扱うのかを単元計画等で明確にしていると思いますが，授業者としてもしっかりとカリキュラム・マネジメントを行っていきましょう。

今月の見通し

10月 1年の折り返し，後半に向けてスタート

深谷　純一

今月の見通し

みとりと個別の指導計画

行事

- 宿泊行事

生活に関わる指導

- 個に応じた指導の工夫と日常生活基本動作

保護者や関係機関との連携

- 進級や進学に関わる適切な就学や学級編制に関する相談

その他

- 福祉サービスの利用に向けたアセスメント

学校生活

1年間の折り返しとなる10月は，夏季休業明けから1か月が経ち，年度の後半に向けたスタートとなる側面があります。個別の指導計画を学期ごとでなく前期・後期で活用している学校も多く，教育課程も学期でなく前期・後期で実施している学校もあります。最近は体育関係の行事を5月頃に実施することが増えていますが，いわゆる2学期は授業日数が多く，大きな行事が設定されていることも多い時期です。

最近では気候が変化し，9月でも猛暑日が続くこともありますが，10月になると気温が下がり，地域によっては感染症が流行り出すこともあります。学級担任として日頃から担当する児童生徒の健康には気を配っていると思いますが，特に急に気温が下がった時期などは，保護者からの情報も含め，より丁寧な把握や観察が必要です。

学級経営のポイント

❶ 様々な行事に臨む際の共通した取組

運動会や体育祭，文化祭といった全校行事，学部や学年を単位とした宿泊学習や校外学習なども，活動の主な単位が学級になります。学級担任は，こうした行事の際に児童生徒とともに個別のねらいを立てることが求められます。場合によっては学級としてのねらいなども設定します。行事の振り返りでは児童生徒が自らの活動を評価できるよう，個別の指導計画の内容等もふまえ意欲につながる実現可能なねらいを決めていくことが大切です。

❷ 関係機関と連携するために，まず校内で連携すること

児童生徒に関して学校以外の連携先は主に医療，福祉，余暇等があります。個別の教育支援計画に載せていくことが大切ですが，こうした連携先の情報は，医療であれば保健室，福祉や余暇については進路指導や教育相談の担当者がくわしい情報を有しています。自身がわからないことや，保護者と相談する前には，校内で関係機関について情報を収集しましょう。

仕事のポイント

● 児童生徒の放課後や休日の過ごし方等を知る

1年365日のうち，授業日は200日程度です。また，起床から登校までは別として，下校時間によりますが，児童生徒が就寝するまでの数時間は食事や入浴以外に，自由に過ごすことができる時間があります。放課後等デイサービスについては後ほど紹介しますが，放課後に地域の学童保育※を利用している場合や，療育に通っている場合もあります。休日には余暇活動として障害児向けの活動もありますし，何かスポーツに取り組んでいることもあります。

こうした学校以外の活動について，どのような制度にのっとり，どのような団体等のもとで活動しているか等を把握し，そのうえで個別の教育支援計画にも反映していきます。その際に，例えば長期休業中等の平日に児童生徒が参加している活動の様子を見学することや，活動の担当者と情報交換をするなど，学校以外の児童生徒の様子を具体的に知ることで，学校での指導にも還元できます。また，児童生徒に関わる学校以外の関係者と直接お会いすることで，何か情報の共有が必要な場合や，同じ方針で対応する場合等の連携が円滑になります。

※学童保育：児童福祉法に基づき，保護者が労働等により昼間家庭にいない小学校に就学している児童に対し，授業の終了後等に小学校の余裕教室や児童館等を利用して適切な遊び及び生活の場を与えて，その健全な育成を図るもの。

宿泊行事

吉澤　洋人

宿泊行事における留意点

学習指導要領の特別活動「学校行事」の中に⑷遠足・集団宿泊的行事として位置づけられている「宿泊を伴う学校行事」には，修学旅行や宿泊を伴う校外学習などがあります。

集団宿泊活動やそれに伴う自然活動や生活活動には，自己肯定感や集団への所属感や連帯感を高めるとの報告もあります。学校自体のよき思い出として話題にあがる修学旅行などの宿泊行事ですが，それは児童生徒が主体的かつ安心・安全に楽しみ学べるための事前準備が不可欠となります。学校外の活動における留意点は，本書６月「校外学習」でも触れていますが，ここでは宿泊を伴う行事ゆえ，準備しておくべき内容について触れていきます。

健康管理，服薬管理について

通常の学校生活と違い，日中だけではない朝晩の服薬管理など児童生徒が安全に宿泊行事に参加するための確認事項が多くあります。

- 保健事前調査（宿泊行事における健康管理の参考に）
- 健康観察表の記入（旅行前から旅行後にわたって）
- 学校医による事前健診（学校にて実施，欠席時に医療機関受診を促す）
- 常用薬の提出（予備薬も提出，確実な服薬→残薬と空袋の返却）

※養護教諭と十分な連携のうえ，家庭との情報共有が大切となります。

緊急時対応を想定した対応

もしも！に備えた緊急体制の準備，並びに保護者への周知が必要となります。

- 緊急体制の準備（図参照）並びに関係教員への周知
- 提携医療機関の調整（前年踏襲ではなく，児童生徒の状況に対応が可能かを確認）
- 保護者向けの対応方法は実施要項に記載

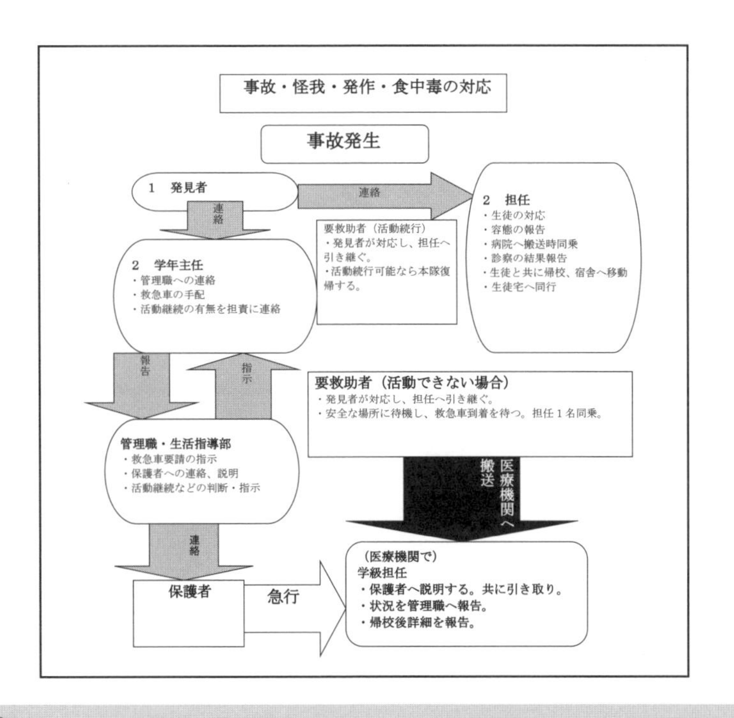

安全な食事

通常，学校では，栄養教諭を中心に安全な食事が提供されていますが，宿泊行事では，朝晩を含めた３食の食事について，その安全面を教員が考えます。各宿泊機関での食事や昼食を予定しているレストランなど，普段学校給食で実施している内容（アレルギー食・形態食・後期食）への対応が可能なのかの確認が必要となります。

- 学校給食での配慮内容の確認
- 外部利用飲食店やホテルへの対応の確認
- 結果に基づいた対応（再調理など）の確認

保護者への説明

宿泊を伴う学習に我が子を送り出す保護者の心配は大きなもの。保護者会（説明会）の場では，活動内容を伝えるだけでなく緊急時対応などリスク管理の公開が必要となります。その一方で対応には限界があることを理解してもらうこととその際の家庭の協力依頼（感染症等対応のための現地へのお迎え依頼）も必要となります。また，費用面においてキャンセル料の発生する時期やその可能性についても明示する必要があります。できることとできないことの線引きについては，周囲の先生ともよく確認し，正しい情報を伝えるようにしましょう。

【参考文献】
- 国立青少年教育振興機構「集団宿泊活動サポートガイド」
- 文部科学省「特別支援学校高等部学習指導要領」

4月
5月
6月
7月
8.9月
10月
11月
12月
1月
2月
3月

個に応じた指導の工夫と日常生活基本動作

城田　和晃

個に応じた指導の工夫と日常生活基本動作とは

特別支援学校の児童生徒の実態は多様であり，個々の児童生徒に応じた適切な指導・支援が求められることから，個に応じて指導や支援を工夫していくことは非常に重要です。特別支援学校においては，障害の状態が重度・重複化，多様化している児童生徒の実態に即した指導を推進するため，個別の指導計画を作成し，指導にあたることとなっています。

さて，個に応じた指導の工夫を考える際，日常生活基本動作（ADL）に関する指導・支援から考えてみると，その工夫という点について理解を深めることができると思います。日常生活基本動作（ADL）とは，「移動」「食事」「更衣」など日常生活を送るうえで最低限必要な動作を指します。ADL は，日常生活の基盤となる行動であり，我々の生活において必要不可欠であり，必然性の高い内容となります。毎日，同じ時間に必然性をもった指導が繰り返しできることから，個に応じた指導の工夫という観点を学ぶ際に重要な切り口になると考えます。

日常生活基本動作に関する指導場面とその工夫

日常生活基本動作（ADL）の獲得に関する指導と関連が深い学習内容としては，小学部の「生活科」があげられるでしょう。また，各教科等を合わせた指導である「日常生活の指導」においては，生活科を中心として内容を構成する記載があり，こちらも関連の深さが確認できます。生活科や日常生活の指導の時間における指導から，個に応じた指導の工夫について考えていきましょう。

❶ 身の回りの整理

生活科の内容である「身の回りの整理」については，どのような指導の工夫が考えられるでしょうか。学習指導要領には，持ち物の整理や自分の使ったものの整理，決められた場所に置くことなどに気づくことが大切であると記載があります。例えば，決められた場所に物を整理することが難しい児童生徒の場合の指導の工夫としては，複数のものを同時に片付けるのではなく，１つずつ片付けるよう指導することが考えられます。これは，同時に物事を処理することが難しい児童生徒への指導として有効です。また，片付けるものがわかるよう，片付けるべき場所にシールや写真などを目印として貼るなどの工夫も考えられます。見る力について指導をすることで，他の場面への般化も期待することができます。

❷ 身なり

続いては，生活科にある「身なり」に関する内容から個に応じた指導の工夫について考えていきたいと思います。「身なり」については，学習指導要領には簡単な衣服の着脱や長靴等の身につけ方に気づくことが大切であると記載されています。例えば，ズボンの着脱については，座って着脱する段階から指導をはじめ，段階的に立って着脱できるように指導を工夫していくことが考えられます。ズボンを立ったまま着脱できるようになるためには，片足で立ったままの姿勢を保持することや，その姿勢でズボンを持つことなどの動作が要求されるため，１つずつの行動ができるかどうか把握することが重要です。また，できる行動とできない行動を把握したうえで，そのつながりについて順序立てて指導することが大切になります。その行動がどういう要素で構成されているかを分析することは，あらゆる指導において役立つ考え方です。

【個に応じた指導の工夫例】

①見て理解するための工夫

• 情報を精選して提示する　• 興味や関心に基づくデザインを活用する　など

②聞いて理解するための工夫

• 先に話の全体像を伝える　• １つずつ，具体的で端的な指示をする　など

③できる行動を増やすための工夫

• できる動きを活用する　• 身につけさせたい動きを分けて指導する　など

高すぎず低すぎない目標の設定を

個に応じた指導の充実は，児童生徒のよりよい発達を促すことにつながります。その際に大切となるのが，児童生徒の実態把握とそれに基づく目標の設定です。実態把握に基づき適切な目標を立て指導することは，あらゆる指導において重要な視点です。ADL に関する指導は，繰り返し，必然性の高い状況下で指導することができますので，個に応じた指導を学ぶにはよい機会であると考えます。児童生徒の興味関心を大切にしながら，粘り強く取り組み，個に応じた指導の工夫とそのコツを体得していけるとよいでしょう。

【参考文献】

• 文部科学省「特別支援学校学習指導要領解説　各教科等編（小学部・中学部）」

進級や進学に関わる適切な就学や学級編制に関する相談

山﨑慶太郎

適切な進学に関わる相談

10月になると，各市区町村の教育委員会では次年度の就学先の決定に向けた手続きが始まっていきます。ここでは，特別支援学校の各学部における，進学を考えていくうえで担任として押さえておきたいポイントを紹介します。進路選択については，児童生徒の将来に大きく関わってくることですので，どの段階においても十分な相談と情報共有が重要になります。また児童生徒が主体的に自分の進路を自己選択・自己決定できるような支援も行っていきたいですね。よくある困りごととして，保護者の希望と児童生徒の実態の乖離があるケースがあります。この場合，児童生徒が環境に不適応を起こすリスクが考えられますので，まず児童生徒本人の話をよく聞き，本人の希望を把握しましょう。保護者には学校見学や体験の機会を通して，子供の実態に合っているか考えてもらうことが必要です。対応に不安がある場合は，特別支援教育コーディネーター等の教師に，一緒に保護者対応に入ってもらいましょう。

❶ 小学部

小学部の児童については，在籍する特別支援学校の中学部への進学，異なる障害種別の学校への進学，市区町村の中学校への進学等の選択肢が考えられます。特に他の特別支援学校や市区町村の中学校への進学を希望する場合，在籍校において十分な相談を行い，本人や保護者の理解と納得を得ることが大切になります。必要に応じて進路担当の教師や，特別支援教育コーディネーターにも協力を依頼することが大切です。保護者から市区町村の中学校への進学希望があり，十分な教育を受けられると校長が判断した場合は，基本的に都道府県教育委員会を通じて，児童が居住する市区町村教育委員会へ連絡し，就学相談を受ける必要があります。

❷ 中学部

中学部の生徒については，在籍する特別支援学校の高等部への進学，異なる障害種別の学校への進学，高等学校への進学等の選択肢が考えられます。進学するためには入学者選考があるため，生徒や保護者の願いを聞いて，十分な相談をしておくことが重要です。注意したいのは，特別支援学校と高等学校では，卒業時の資格が違うということです。特別支援学校高等部を卒業した場合，「特別支援学校高等部卒業」という資格となり，これは「高等学校卒業」の資格とは違うことを確認しておきましょう（特別支援学校高等部卒でも，大学入学資格はあります）。中学部段階で適切な進路選択ができなかった場合，進学後に進路変更等を検討せざるを得ないケースに発展することも，珍しくありません。進路担当の教師と十分連携し，入試に係る教育相談，入試説明会等への参加，志願書等の作成に不備がないよう進めていきましょう。

❸高等部

高等部の生徒については，大学や専門学校への進学，企業等への就労が考えられます。就労に関しては，企業への一般雇用や障害者雇用での就労，または福祉的就労等，様々な形があります。生徒や保護者のニーズを把握し，適切な進路選択を支援していきます。大学や専門学校への進学を生徒が希望する場合，大学によっては特別支援学校高等部卒業生の受験を認めないこともありますので，事前に確認します。就労を目指す場合，高等部では適切な進路選択を見据え，１年生から段階的に「産業現場等における実習」が計画されている学校が大半だと思います。特に３年生の10月は，生徒の将来を決める「雇用を賭けた」現場実習が始まる時期です。生徒の進路の実現に向けて，学校全体で支援を行っていくことが大切です。

適切な進級に関わる相談

次年度の学級編制に向けて，在籍している児童生徒の様子を見ていくことも大切です。特に教育課程のマッチングには注意していく必要があります。児童生徒の障害の状態が変化し，主に異なる教育課程で学ぶことが望ましいと考えられる場合（準ずる教育課程から重複課程への変更等），この時期から相談を開始していく必要があります。児童生徒にとって環境が大きく変わる可能性がありますので，本人や保護者と十分に相談することが大切です。保護者からそうしたニーズの相談があった場合，次年度の学級編制にも大きく関わりますので，学部の主任の教師等と共有しながら進めていくようにしましょう。

学級編制に関する相談

学校編制を検討するにあたっては，児童生徒同士の人間関係の課題への対応や，保護者同士の関係等の課題への対応も考慮することがあります。適切な学級編制は，その後の学級経営，学年・学部経営や学校運営にも大きく関わってきます。また，生徒指導事案等で，学級編制において配慮が必要となるケースもあります。担任として，日々の児童生徒や保護者との関わりを通じて気づいたことは確実に共有できるように，記録に残しておくことも重要です。

福祉サービスの利用に向けたアセスメント

深谷　純一

障害児支援施策について

障害児支援施策には，障害児とその家族が地域で必要な支援を受けられるよう，保健，医療，福祉，教育，就労支援などの関係機関が連携して一貫した支援を提供する，多岐にわたる取組があります。主な施策として，「児童発達支援」では，児童発達支援センターや放課後等デイサービスを通じて，発達障害のある子供たちに対する支援を行っています。これには，個別の教育支援計画の作成や，保護者への支援も含まれています。「障害児入所施設」では，重度の障害をもつ子供たちが入所できる施設を運営し，医療的ケアや生活支援を提供しています。また，地域生活への移行を支援するためのプログラムも実施しています。

学級やグループ等，担当する児童生徒が利用する福祉サービスを知ることは，学校での指導の参考になりますので，まずは保護者面談等で伺ってみましょう。

福祉サービスの利用に向けたアセスメントについて

福祉サービスの利用にあたっては，関係機関等からの情報を集め，利用者の１日の生活の流れ，住まいや地域等の生活環境を把握するとともに，利用者の要望を引き出し，利用者や家族が望んでいる暮らしを明らかにしていく必要があります。保護者等から要請があれば，児童生徒等の学校での様子など，関係機関に情報を提供しましょう。

なお，高等部卒業後の障害者総合支援法のサービスを利用する場合は，障害のある方がどの程度の支援を必要としているかを示す指標である障害支援区分の認定が必要となります。区分は６段階に分かれており，１がもっとも軽度，６がもっとも重度です。認定の流れは，本人または家族が市区町村の窓口で申請し，調査員が訪問調査を行い，医師の意見書も参考に認定調査を行います。調査結果と医師の意見書をもとにコンピューターで一次判定を行い，二次判定として市区町村の審査会が総合的に判定します。

児童生徒が利用している主なサービスについて

特別支援学校に通う児童生徒等は，そのニーズに応じて下の表のような福祉サービスを利用しています。表の後には多くの児童生徒が利用しているサービスを紹介します。

<table>
<tr><td rowspan="3">障害児
通所系</td><td rowspan="7">障害児支援に
係る給付</td><td>児童発達支援</td><td>日常生活における基本的な動作の指導，知識技能の付与，集団生活への適応訓練などの支援を行う</td></tr>
<tr><td>医療型児童発達支援</td><td>日常生活における基本的な動作の指導，知識技能の付与，集団生活への適応訓練などの支援及び治療を行う</td></tr>
<tr><td>放課後等デイサービス</td><td>授業の終了後又は休校日に，児童発達支援センター等の施設に通わせ，生活能力向上のための必要な訓練，社会との交流促進などの支援を行う</td></tr>
<tr><td rowspan="2">障害児
訪問系</td><td>居宅訪問型児童
発達支援</td><td>重度の障害等により外出が著しく困難な障害児の居宅を訪問して発達支援を行う</td></tr>
<tr><td>保育所等訪問支援</td><td>保育所，乳児院・児童養護施設等を訪問し，障害児に対して，障害児以外の児童との集団生活への適応のための専門的な支援などを行う</td></tr>
<tr><td rowspan="2">障害児
入所系</td><td>福祉型障害児入所施設</td><td>施設に入所している障害児に対して，保護 ，日常生活の指導及び知識技能の付与を行う</td></tr>
<tr><td>医療型障害児入所施設</td><td>施設に入所又は指定医療機関に入院している障害児に対して，保護，日常生活の指導及び知識技能の付与並びに治療を行う</td></tr>
<tr><td rowspan="2">相談支援系</td><td rowspan="2">相談支援に
係る給付</td><td>計画相談支援</td><td>【サービス利用支援】
・サービス申請に係る支給決定前にサービス等利用計画案を作成
・支給決定後，事業者等と連絡調整等を行い，サービス等利用計画を作成
【継続利用支援】
・サービス等の利用状況等の検証，モニタリング
・事業所等と連絡調整，必要に応じて新たな支給決定等に係る申請の勧奨</td></tr>
<tr><td>障害児相談支援</td><td>【障害児支援利用援助】
・障害児通所支援の申請に係る給付決定の前に利用計画案を作成
・給付決定後，事業者等と連絡調整等を行うとともに利用計画を作成
【継続障害児支援利用援助】</td></tr>
</table>

❶ 放課後等デイサービス

障害のある子供たちが放課後や休日に利用できるサービスです。主に，日常生活の訓練や社会との交流を通じて，子供たちの自立を支援することを目的としています。このサービスは，学校や家庭以外の場所で，子供たちが安心して過ごせる居場所を提供し，自己肯定感や社会性を育むための活動を行います。また，保護者への支援も重要な役割の１つで，子育ての悩み相談や一時的なケアの代行なども行っている場合があります。

❷ 移動支援

移動が困難な障害児が日常生活を充実させるために，ヘルパーが外出時のサポートを行うサービスです。例えば，学校への通学や社会参加のための外出などが含まれます。休日にガイドヘルパーが障害児に同行し，公共交通機関を利用しての移動や，イベント参加の支援などを行います。ただし，移動支援は児童福祉法や障害者総合支援法とは別の枠組みのため，市区町村ごとにサービス提供の対象や給付の時間数が異なることがあります。

【参考文献】 ●厚生労働省及びこども家庭庁「障害児支援施策」

11月

今月の見通し

感染症予防と体調管理

深谷　純一

今月の見通し

みとりと個別の指導計画
- 「個別の指導計画」に基づく各教科等担当と担任の連携

行事
- 現場実習

生活に関わる指導
- 避難訓練

保護者や関係機関との連携
- 医療等に関する相談

その他
- 次年度予算編成，就学奨励費

学校生活

冬場を迎えると，体調を崩す児童生徒が増えてきます。児童生徒が欠席で大きな行事に参加できないと，当然本人や保護者が悲しみますし，風邪などが流行って行事自体の実施が危ぶまれることもあります。高等部で進路先の決定に関わるような現場実習などは，体調を整えて臨むことが必要です。感染症等予防の基本は手洗い，うがいです。また，咳が出るときのエチケットを守ることや，こまめな換気など，日々できることを確実に取り組みましょう。学校での児童生徒の気になる様子は保護者に伝え，自身の体調管理にも気をつけてください。

学級経営のポイント

❶ 健康診断や主治医訪問

学校は学校保健安全法施行規則に基づき６月末までに様々な健康診断を行います。その結果に基づき医療機関での受診を勧めることもあり，その際は受診結果の確認が必要です。器具を使用する場合，前もって借り受け児童生徒が触れ，慣れることで実際の診察を落ち着いて受けられるような工夫も考えられます。児童生徒の体重の増減は，健康や家庭での生活が反映することがあるので大きな変化があるときなどは，状況を確認しましょう。何らかの疾患により学校生活に大きな配慮が必要な児童生徒の場合，養護教諭等と相談し，保護者同意のもと通院に同行し，主治医からよりくわしい話を聞き取ることが必要です。

❷ 計画的な予算執行

学級で使う物品の購入は，大まかに学級全体で使うものは公費，児童生徒個人に還元されるものは私費に分けられます。私費は，多くの学校で保護者の銀行等口座から毎月一定額を引き落とし積み立てており，計画的に必要な額を引き出すなどして物品の購入に充てます。この私費の額は基本的に学年で前年度のうちに決めるため，まずは私費で購入を予定している物品や購入予定の時期を確認しましょう。学級担任の判断で，当該の学級のみで物品等を購入することは滅多にありませんが，その際は事前に他の学年の教員や，事務の方に物品購入の方法や実際のお金の取り扱いを確認しましょう。

仕事のポイント

❶ 次年度の予算は次年度の教育課程に基づく

新規採用や若手の教員にとって，次年度の教育活動を想定して予算の計画を立てることは大変難しいと考えられます。特別支援学校では児童生徒の実態が学年によって異なることも多く，現在担当している学部・学年で，翌年度に次の担当する学年も決まっていない中で計画を立てる難しさもあります。基本的には現在担当している学級や教科等の翌年度の予算を検討するため，大きく教育課程を変更する予定がなければ，単元でどのような教材が必要か，特別活動で必要な物品は何か等，１つ上の学年の教員や，同じ教科等を担当する教員に助言を求める，かつ今年度の予算計画を参照するといいでしょう。

❷ 現金の取り扱いは慎重に行う

教材作成や調理学習の材料等を現金で購入する場合，事務の担当者からお金を預かる方法や，買い物は勤務時間に出張で行くのか，領収書なのかレシートで大丈夫なのか，お釣りがあった場合に事務の担当者に戻すのは翌日でいいのか等，学校で定められたルールがありますので，必ず事前に確認して遵守しましょう。

「個別の指導計画」に基づく各教科等担当と担任の連携

遠藤真由美

組織的かつ計画的な「個別の指導計画」の活用

個別の指導計画の作成・実施・評価・改善等，活用を通じて，学習内容を選択・組織していくことは，児童生徒の教育的ニーズに応じた教育課程の編成につながっていきます。個々の児童生徒の個別の指導計画は学級担任を中心に作成しますが，一方で個別の指導計画は，学校の教育課程に基づいて作成された年間指導計画に沿って計画されています。その作成，活用においては，例えば教育相談の担当が新入生の基礎資料を収集し学級担任に提供することや，教務の担当が年間の行事計画等に関連する面談を設定することや，記載内容を管理職が確認するスケジュールを設定することなど，学校全体で組織的に対応します。

❶ 担任している児童生徒の授業に，学級担任が携わっていない場合

特別支援学校では，多くの授業を集団の児童生徒に対し複数の教員が指導にあたるティームティーチングで実施しています。幼稚部や小学部では，学級担任が多くの授業を担当していますが，中学部・高等部と進学するにしたがって，教科に応じて指導する教員が替わることも多くなります。学級担任以外が主たる指導者の場合で，学習集団が大きい場合等は「何を目標とするか」が曖昧にならないように注意が必要です。

❷ 授業はチームで行うもの

学校は，教職員が組織的に運営しています。組織の中には，様々な業務上の集団，チームがあります。各学部のチーム，各教科担当のチーム，各学年のチーム等々。その中に授業を担当するチームもあります。学級担任が入っていない教科担当のチームが，個別の指導計画について，学級担任から相談や提案を受けつける環境をつくるよう努めましょう。自らが担当していない授業に対し要望を伝えるのは遠慮もあると思われますが，児童生徒がもっとも適切に学ぶ環境を整備するために組織的な情報共有が必要です。そのために活用できるのが「個別の指導計画」で，個に応じたねらいを明確にし，学級担任と教科担当者間で共通理解を図ることができます。ねらいたい姿，目指す姿が明確になることで，その目標に応じた児童生徒に対する指

導の手立てや配慮事項を準備，展開し，共通理解に基づく学習を進めることができます。

❸ 授業を担当する側になった場合

学級担任等がいない中で授業を担当する場合，１人で授業を行う場合もありますので，事前に情報を集めることが必要です。指導する児童生徒の個別の指導計画をもとに，各教科で目指す姿を共有し，学級担任からよりくわしい話を伺う等して共通理解を図っていきましょう。大切なことは，こまめに授業での様子や学びの姿を学級担任に伝えていくことです。児童生徒の様子を伝え，指導の手立てや配慮で困ったときには，自然と質問できるようになりましょう。通常，各教科等の主たる授業者は，授業で担当した児童生徒の個別の指導計画の評価も行います。責任をもって評価できるよう，日々の授業で記録を取り，適切に振り返りを行いましょう。

チーム内で対話をすることの大切さ

チームで授業づくりをしていくにあたって，初任者や若手の教員にはわからないこともあると思います。こうした個別の指導計画の作成や活用を通じて，わからないことはそのままにせず，積極的に尋ねるなどして学んでいきましょう。中堅，ベテランの教員には積み重ねてきた経験，ノウハウがあり，後進の育成にも熱心な方が多くいらっしゃいます。一方で，そうした経験等を押しつけることにならないよう気を遣ってくださっていることも多いので，初任者や若手の教員から意欲をもって質問し，快く教えていただけるようにしましょう。

質問をする際のポイントは，漠然と「どうしたらいいですか？」と聞くのではなく，まず自分で考えた内容について相談するとよいでしょう。「自分は○○と考えるのですが，どうでしょうか？」など，自らの考えを述べることで，より自分の知りたい内容について明確な助言をいただけます。初任者や若手は，遠慮せずに助言を求めることが許された立場です。その立場を十分に生かし，諸先輩にご助言，ご指導いただけることへ感謝を伝えていきましょう。

教員間のコミュニケーション

初任者や若手の教員が，中堅やベテランの教員に助言を仰ぐことは，初任者等の育成はもちろん，教員間でコミュニケーションを取ることで「同僚性」の向上にもつながります。同僚性とは，教員の学び合いを促し，教員集団の機能強化・充実につながり，学校の教育力を向上させる大切な要素です。初任者であっても，教員の経験年数が長くなっても必要なものです。苦手だな，と感じることもあるかもしれませんが，自分から声をかけていくように，意識して意図的に挑戦していきましょう。

現場実習

吉澤　洋人

卒後の生活の具体的なイメージができる！

令和２年の統計で全国の特別支援学校高等部を卒業された方が22,515人。その中で企業へ就労する方が約３割，社会福祉施設等に入所・通所される方が約６割となっています。毎年特別支援学校高等部の生徒は，高等部学習指導要領で教科「職業」の内容にある「C　産業現場等における実習」として位置づけられている現場実習を通して，自身の進路について体験的に学び，それぞれの方法で進路を選び，決定しています。一般的に特別支援学校の生徒は，その障害ゆえに実際的な社会経験が不足していると言われます。現場実習は，そのような社会経験を補い，実際の場で具体的な体験を通して学べる大切な学習機会と言えます。

実習先の選定

卒後のよりよい進路選択や決定につなげるためには，生徒本人やご家族の希望を叶えることに加え，各実習体験がよい体験と学びにつながることが大切です。そのために①現場実習が本人の実態に即した設定となること，②地域の福祉状況や通勤可能な範囲の企業の情報をもつことが必要となります。この①と②については，担任教員と各校の進路担当が協力して，生徒本人にとって最適な実習先となるよう事前に打ち合わせを行うことが大切です。

現場実習に向けた準備

対象生徒の情報を正しく実習先に伝えることは，現場実習がよい体験となるために必要です。事前に生徒情報をまとめておくことで，スムーズに伝えられます。「実習生資料」としてまとめておき実習先と共有している学校もあります。

現場実習に向けた大まかなスケジュールは，図の通りです。生徒本人の体験がよいものとなるように実習先との事前の打ち合わせ面談を通して，実習に必要な情報収集を行い，計画的な準備が必要です。大切な点は生徒主体の準備となっていることです。実習目標の設定や（任意の）通勤練習等を通して，生徒が実習に期待感をもてるような学習を心がけます。専門学科の生徒は，自らのプロフィールを準備して実習先に伝えている学校もあります。

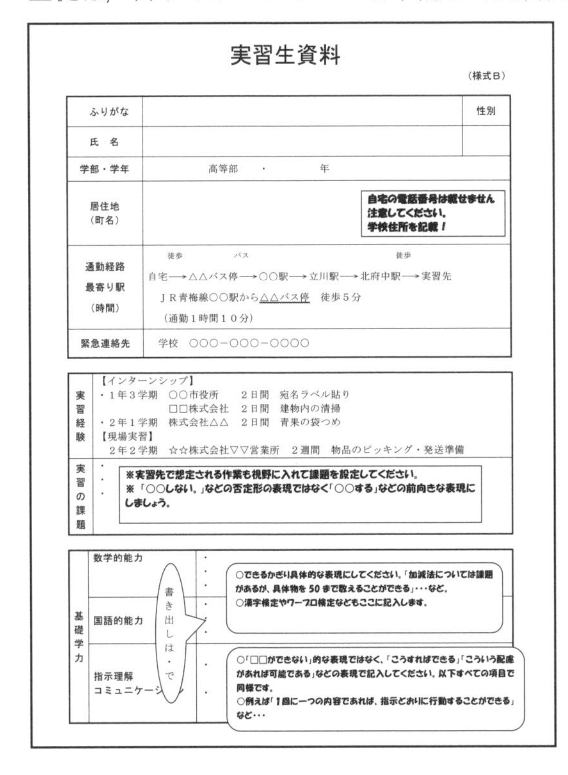

実習生資料

（様式B）

ふりがな		性別
氏　名		
学部・学年	高等部　・　年	
居住地（町名）	自宅の電話番号は載せません 注意してください。学校住所を記載！	
通勤経路 最寄り駅（時間）	自宅→（徒歩）△△バス停→（バス）○○駅→立川駅→北府中駅→（徒歩）実習先 ＪＲ青梅線○○駅から△△バス停　徒歩５分 （通勤１時間１０分）	
緊急連絡先	学校　○○○－○○○－○○○○	

実習経験	【インターンシップ】 ・１年３学期　○○市役所　２日間　宛名ラベル貼り □□株式会社　２日間　建物内の清掃 ・２年１学期　株式会社△△　２日間　青果の袋つめ 【現場実習】 ２年２学期　☆☆株式会社▽▽営業所　２週間　物品のピッキング・発送準備
実習の課題	・ ・ ・ ※実習先で想定される作業も視野に入れて課題を設定してください。 ※「○○しない。」などの否定形の表現ではなく「○○する」などの前向きな表現にしましょう。

基礎学力		
	数学的能力	・ ・ ・
	国語的能力	・ ・ ・
	指示理解 コミュニケーション	・ ・

書き出しは・で

○できるかぎり具体的な表現にしてください。「加減法については課題があるが，具体物を 50 まで数えることができる」・・・など。
○漢字検定やワープロ検定などもここに記入します。

○「□□ができない」的な表現ではなく，「こうすればできる」「こういう配慮があれば可能である」などの表現で記入してください。以下すべての項目で同様です。
○例えば「１回に一つの内容であれば，指示どおりに行動することができる」など・・・

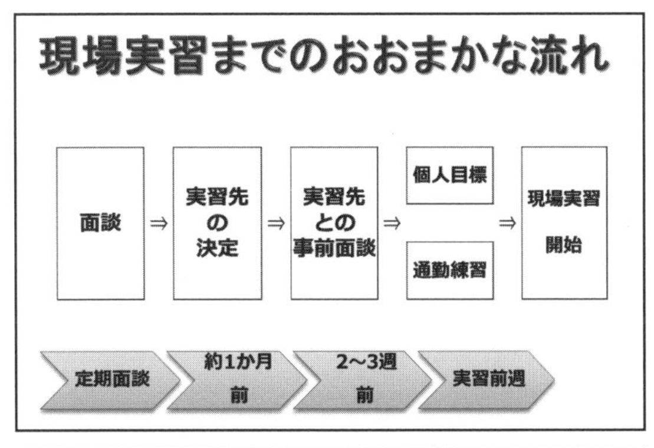

面談（打ち合わせ）の内容

- 本人情報の提供（学校生活の状況）
- 実習期間（※通勤練習（任意）打ち合わせ）
- 勤務時間（一日のスケジュール含む）
- 作業内容
- 持ち物や服装について
- 昼食について（支払方法についても相談）
- 振り返りの有無

現場実習実施とその後の学校生活での取組

現場実習は，現実的な場（企業や福祉事業所）で行う学校の授業です。現場実習期間も実習先への巡回指導を通して生徒の様子を把握し，様々な状況に対応します。実習後は，実習先からの評価をもとに生徒の新たな目標設定等を行い，その後の学校生活に生かします。現場実習と学校生活のサイクルの中で生徒の成長を促します。

現場実習の体験と進路選択

繰り返しとなりますが，生徒は現場実習を通して，実際に卒後の生活を体験的に学びます。生徒本人が主体的に進路を選んでいくには，よい体験を複数個所行い，その体験を比べる事後学習が必要となります。我々教員には，今の生徒を捉え，生徒や保護者の思いも受け止めながら，よい現場実習体験を可能ならば複数回設定できるようにしていきたいところです。

【参考文献】

- 文部科学省「学校基本調査」

避難訓練

城田　和晃

避難訓練について

近年，地震や気候変動による大型台風の発生や豪雨など，これまで以上に自然災害に対する備えが必要となっています。こうした背景から，現行の学習指導要領では，現代的な諸課題に関する教科等横断的な教育内容として，「防災を含む安全に関する教育」が示されています。

有事はいつ起こるかわかりません。災害に直面したとき，児童生徒が命を守る行動が速やかに取れるよう，そして落ち着いて避難できるよう，各回の避難訓練を役立てていく必要があります。教職員の役割等の確認を行うとともに，児童生徒が安全に避難できるよう，リアリティをもって取り組むことが大変重要です。

危機管理マニュアルに基づく教職員の役割の確認

危機管理マニュアルは，教職員が的確に判断し円滑に対応できるよう，教職員の役割等を明確にし，児童生徒等の安全を確保する体制を確立するために必要な事項を全教職員が共通に理解するために作成するものです。危機管理マニュアルを確認し，児童生徒の安全を確保するための自身の役割について把握しておくことが重要です。

児童生徒の安全確保と避難

避難訓練では，児童生徒が災害時にいち早く避難行動を取り，安全な場所に避難する力を身につけさせることが重要となります。

そのためには，次にあげる❶慌てず，即座に，適切な避難行動を取れるようにすること，と❷校内の避難経路を覚え，発災の状況に応じて，安全な経路を通って避難できるようにすること，の２点が避難訓練の重要な要素となります。

❶ 慌てず，即座に，適切な避難行動を取れるようにするための指導

有事の際に慌てず，即座に，適切な避難行動を取れるようになるためには，日々の繰り返しの指導が有効です。事前に約束事や有事において取るべき行動を共有しておくことが重要ですが，言語による説明だけでなく，視覚支援を用いて説明し，児童生徒の理解を深める取組が求められます。また，即座に，適切な避難行動が取れるようにするためには，取るべき行動ができるよう指導するとともに，そのことをわかりやすく伝える必要があります。

例えば，地震の際の避難行動を伝える際に，「机の下に入って，身を守ってください！」と伝えるよりも，「机の下に入って，ダンゴムシのポーズ！」と伝える方が，子供たちは即座に適切な避難行動を取ることができるかもしれません。児童生徒の実態に応じた対応を日々の指導の中で確認しておくことが重要です。

❷ 校内の避難経路を覚え，発災の状況に応じて，安全な経路を通って避難できるようにするための指導

このことについても，日々の指導が極めて重要です。教室間の移動の機会を活用するなどして，落ち着いて移動できる力を身につけられるようにすることが有事の際には役立つはずです。また，発災の状況に応じて，安全な経路は変わりますから，様々な移動パターンに慣れておくことも必要です。見通しがもてない場面やはじめての場面では，力を発揮することが難しい児童生徒も在籍していることと思います。平常時から有事に備えて，様々な機会を活用して経験を積んでおくことが避難訓練においても生かされるはずです。

協力体制の構築と心理的なケアの必要性

これまで我々が経験したことのない災害がいつ起こっても不思議ではない状況が続いています。突然の災害に慌てることなく，命を守る行動を取るために避難訓練は重要な役割を担っています。一方で，避難訓練やその内容によっては，心理的に不安定になる児童生徒もいることと思います。とりわけ，予告なしの避難訓練では，より大きな心理的負荷がかかります。児童生徒個々の実態に応じた対応が必要となりますので，協力体制の構築や生活の質を落とさないために事前・事後の心理的なケアを行うことも重要です。

【参考文献】
- 文部科学省「学校の危機管理マニュアル作成の手引」
- 東京都教育委員会「避難訓練の手引」

医療等に関する相談

伊藤　紘樹

なぜ，学校が「医療等」と連携する必要があるのか？

児童生徒が関わる医療機関は多岐にわたります。学級の児童生徒がどの医療機関へどの程度の頻度で通院しているかについては，個別の教育支援計画を通して家庭と共有しています。では，どのようなときに，医療機関と連携を図ることがあるのでしょうか。ここでは，２つの事柄を例にして考えていきます。

❶ 医療的ケアに関連して

肢体不自由を主とする特別支援学校では，経管栄養注入やかく痰吸引等の医療的ケアの実施に際して，主治医との連携が行われます。医療的ケアの内容について指示を受けたり，実施に際して必要な内容を確認したりする必要があります。また，他障害種の特別支援学校においても，校内で実施する医療的ケアに関して主治医との連携が大切になります。

❷ 服薬調整に関連して

学級内に抗てんかん薬や向精神薬を服用している児童生徒がいる際に，服薬量の調整のため，主治医と連携を図るケースもあります。具体的には，保護者同意のもと，てんかん発作の記録や行動記録を家庭と学校で共通の書式を用いて行うことがあります。学校生活も含めた正確な記録を主治医に提供することで，児童生徒にとって効果的な服薬調整のヒントにつながります。

医療機関との連携で大切なこと

医療機関との連携は，保護者から相談を受けてから始まることがあります。特に，はじめての事柄については，学校としてどこまで協力することができるか等について，慎重に対応することが求められます。そのため，保護者から申し出があった際には，不確かな応対は避けることが大切です。必ず，学年主任や学部主事，管理職へ報告し，児童生徒のために，学校としてどのような協力，連携が可能かを確認する必要があります。

PT・OT・ST 等の専門職との連携で大切なこと

児童生徒に関わる専門職として，PT（理学療法士），OT（作業療法士），ST（言語聴覚士）等があげられます。自治体によっては，教育センターに所属していたり，自立活動教諭として学校に所属していたりすることもあります。また，児童生徒が関わっている療育機関と連携することもあります。そうした専門職と連携するときに大切なことについて，２つの事柄を例にして考えていきます。

❶ ねらいを明確にする

学級や担任が行っている指導について，PT や OT 等の専門職から助言を受けたり，ケース会議を行ったりすることがあります。そうした際には，「○○のことについて助言を受けたい」というように目的を明確にすることが大切です。ねらいを明確にすることで，担任が困っていることに対する専門的助言を受けることができます。そうすることで，次の日からの授業改善につなげやすくなります。

❷ 互いの専門性に基づいた関わりを心がける

PT や OT，ST 等はそれぞれの分野に対する専門家です。しかしながら，担任の先生方も，児童生徒に対して教育を行っていく「専門家」です。児童生徒の指導や支援において専門職と連携していくためには，互いの専門性に基づいた対話が重要になります。担任している児童生徒の教育的ニーズや長期的，短期的な目標，授業設定の意図等について明確にしながら対話を進めることで，児童生徒に対する指導，支援を充実させることができます。

〈医療等との連携を進めるためのチェックポイント〉

□校内におけるルールの確認は十分か？
□保護者の了解は確認したか？
□連携，共有のねらいは明確になっているか？
□互いの専門性に基づいた連携となっているか？

次年度予算編成，就学奨励費

深谷　純一

予算について

学校の予算編成，執行管理，決算等は自治体が地方自治法に即して定める規定等に基づき，適正かつ効率的な運営を図ることが求められています。学校の予算編成と執行は，教育目標を達成するための計画を具体化するプロセスであり，教育環境の整備や教材の購入，教職員の研修などに必要な資金を確保します。

最初から執行の用途が定められている予算のほか，学校の裁量で用途を割り振ることができる予算もあります。年度の途中で次年度の予算を編成するために，具体的に必要な教材や行事に必要な旅費などを想定するため，年度の途中，早い時期におおよその次年度の教育計画を立てることが必要となります。

公的な予算の他に，私費や準公的な学校徴収金の枠組みもあります。学校徴収金とは，学校及び家庭で使用できる教材や教具等，児童生徒の所有にかかる経費で，教育活動の結果，直接的利益が児童生徒個人に還元されるものにかかる経費です。私費とは，保護者からの負担金で，特定の活動や教材に使われます。修学旅行等の積立金，給食費などが含まれます。

就学奨励費について

障害のある幼児児童生徒が，特別支援学校や小・中学校の特別支援学級等で学ぶ際に，保護者が負担する教育関係経費について，家庭の経済状況等に応じ，国及び地方公共団体が補助する仕組みが特別支援教育就学奨励費です。通常の学級で学ぶ児童生徒についても要件を満たせば補助対象となります。対象とする経費は，通学費，給食費，教科書費，学用品費，修学旅行費，寄宿舎日用品費，寝具費，寄宿舎からの帰省費などがあります。

生徒等の状況に加え，行事や学校徴収金など学校の活動と連動しますので，事務系の職員と教員で明確な役割分担を行い，連携して組織的に対応していくことが重要です。どの時期に保護者から書類などを受け取り，担当者に渡すのか，手続きなどを確実に把握しましょう。また，重要な個人情報が含まれることも多いことから，取り扱いには注意が必要です。

予算編成や執行について

予算の編成は，まず学校の教育目標や活動計画に基づいて，必要な経費を見積もり，教育委員会や自治体に対して，必要な予算を申請します。教育委員会では予算を審査・決定して，各学校に配分します。予算の執行は，配分された予算を適切に管理し，計画通りに使用することです。年度末には予算の使用状況を取りまとめ，次年度の予算編成に反映させます。

学校でのおおよその年間での流れは以下の表のようになります。

4月〜	通年で，予算を計画的に執行する。
7〜9月	①自治体の予算編成等の大きな方針が出される。
10〜12月	②学校の予算編成の指針が示され，学部や校務分掌等の単位で予算案を作成する。
1〜3月	③予算案を集計し必要に応じてヒアリングするなどして予算を決定する。

①まず学校の設置者である自治体から，予算編成に関わる大きな方針が出され，その方針に基づいて学校の予算編成が始まりますので，読んでおきましょう。

②次に学校として次年度に向けた予算編成の指針が示されます。この指針に基づき，教員は自らが担当する授業や行事，校務分掌で使用する教材，物品，旅費や入場料などを想定し，カタログなどで価格や料金を調べ，所定の書類にまとめます。そのうえで学部や学年，教科や校務分掌といった部署ごとに予算案を取りまとめます。そのため，授業で使う教材，その材料等を前もって調べておくことが必要です。

③部署ごとに予算のヒアリングを行い，その後，学校全体の予算配分などを調整していきます。ヒアリングでは予算編成の指針に基づいているか，その予算の必要性や，選んだ物品等の価格が適正かなどを説明できるようにしておくことが重要です。カタログなどは各学校で共通の冊子を参照していることが多いので，事前に把握しておきましょう。

【参考文献】

- 文部科学省「7．特別支援教育就学奨励費」
- 独立行政法人教職員支援機構「主体性ある学校づくりを実現する学校財務マネジメント」NITS ニュース第142号

12月 今月の見通し

2学期までのまとめ

深谷　純一

今月の見通し

みとりと個別の指導計画

行事
- 文化祭

生活に関わる指導
- 感染症予防

保護者や関係機関との連携
- 「個別の教育支援計画」に関連する関係機関の情報共有

その他
- 企業就労の内定，就労の際の雇用契約

学校生活

12月は，３学期制の場合は２学期のまとめを行います。年末年始は学校も家庭も何かと慌ただしくなりがちです。冬季休業は曜日の並びや地域にもよりますが，２週間程度となります。正月にはお年玉をもらう児童生徒も多いので，お金について学ぶ機会にもなります。なお，ごくまれにクリスマスを祝うことができないご家庭もあるので，学校で関連する取組をする前に，そうした情報の収集にも気を配っておきましょう。

学級経営のポイント

❶ 児童生徒に金銭感覚を身につけさせる

児童生徒は，発達段階によりお金の額や扱い方の理解に差がありますが，例えば数値としての額はわからなくても，お金があれば自動販売機で飲み物を買うことができることを知っていることもあります。最近は様々な場面でキャッシュレスが導入され，実物の硬貨やお札を使う機会が減りつつあります。ただし，金銭は単なる数字ではなく，物やサービスの対価としての価値等があることを理解することは重要であり，児童生徒の生活にも密接に関係するため，当面は発達段階に合わせて硬貨や紙幣から学ぶことが有効です。合わせて，保護者と相談しながら，電子マネーの利用についても学べるよう工夫していきましょう。

❷ 学校において予防すべき感染症

児童生徒が学校保健安全法施行規則に定められた感染症に罹患した場合，またはその疑いがある場合は基本的に出席停止となります。出席停止の期間にも規定があり，登校の再開には医師の証明が必要なこともあります。多くの学校は証明書を用意していますので，学級担任は書類を確認し，保護者と連絡を取り児童生徒の体調を確認しながら登校再開に向けた準備をしましょう。

仕事のポイント

● 校務分掌による活動

ここまで授業や行事，諸計画など主に「教務」が整理している業務，「生活指導」や「進路指導」，「保健」に関わる業務等に触れてきました。学校には授業や学級担任の業務以外にも様々な業務があります。これらは学校教育法で「校務」とされ，学校教育を実施するために必要なすべての業務を指します。人事や施設設備の管理，予算や関係機関との連絡調整など，こうした校務を分担する体制を校務分掌と言います。法令上，学校を統括するのは校長ですが，教職員は校長に代わり校務分掌による活動を行うこととなっています。

１人の教員が担当する業務について，学級担任や教科担任のほか，校務に関する分掌，特別委員会の委員の役割，部活動もあります。「部」に分けられる校務については，設置する部の数や区分は学校の実情に応じて異なっており，細分化している学校もあります。「(特別）委員会」については，いじめ防止対策委員会など法令に基づき設置しているものや，国や都道府県からのガイドライン等に基づき設置しているものに加え，各学校の実情に応じて設置しているものがあります。

学校では，個々の教職員が自らの職責を自覚しながら能力や個性を発揮するとともに，チームとしての力を生かしつつ学校組織全体の総合力を高める必要があり，教員として組織の一員である自覚が必要です。

文化祭

小笠原靖子

文化・芸術に親しもう～文化祭～

多彩な芸術の学びの発表の場として実施される文化祭。学校によっては日頃の学習の成果を発表する場として学習発表会，学芸会，また発表する内容を分けて行う場合には作品展示会，音楽会などと称して実施される場合もあります。

文化祭は学校行事の中でももっとも大きな行事となることが多いかと思います。複数の学部や部門を有する学校であっても，文化祭については全校で実施するケースが見られることもあり，保護者はもちろん地域の方々など来校者も多くなり，熱気あふれる日となります。その反面，いつもより外部からの来校者が多くなるために，通常の学校生活とは別に配慮する事項があります。

文化祭にて学習の成果を発揮し，児童生徒がよりよい経験ができるように教員として実施していくことには次のことがあげられます。

文化祭の意義

ここで文化祭の意義についてです。文化祭は学習指導要領にて「文化的行事」として次のように示されています。

> ⑵文化的行事
> 　平素の学習活動の成果を発表し，自己の向上の意欲を一層高めたり，文化や芸術に親しんだりするようにすること。

ここに示されているように，大切なのは「平素の学習活動の成果を発表する場である」ということです。文化祭のために何かの活動を計画し取り組むのではなく，日々の学習活動にて児童生徒が学んだ成果を発表できるよう，発表内容を計画していきましょう。発表することが主題となってしまい，内容を計画する際に児童生徒の学習の学びからそれてしまうこともまれにあります。日々の学習活動の中に発表する内容があることを十分に意識していきましょう。
また，この際に教育活動において各教科の指導内容のつながりを意識しておくことも大切です。
文化祭では音楽や図画工作・美術をはじめ，国語，算数・数学などの各教科や生活単元学習，作業学習など各教科等を合わせた指導で取り組んだことを複合的に発表していきます。このような教科等横断的な指導の充実を目指してのカリキュラム・マネジメントの推進が文化的行事をより充実させていきます。ぜひそのような視点のもとに自校の教育課程編成にも目を向けてみてください。

文化祭の実際

文化祭の活動内容の実際としては，一例として次のようなものがあります。

活動	形態	内容	発表場所
舞台発表	各学年，グループが中心	劇，演奏，合唱，朗読等	体育館または各教室
展示活動	各学年または各学習グループ	各教科等での制作物の展示，ポスター発表等	各教室内や特別教室，教室前廊下等
販売活動	各学年または各作業グループが中心	主に中学・高等部にて，作業学習等で製作物の販売	各教室内や特別教室，教室前廊下等

学校によって異なりますが，２日間開催することや，平日は児童生徒の鑑賞日となり，土曜日などに保護者や外部向けに公開する場合が多くあるでしょう。

文化祭を通じて育てたい力

前述しましたが，文化祭は全校で取り組むことの多い大きな学校行事です。その中で当日の発表や活動に向けて学級・学年・各グループで力を合わせてそれぞれの役割を果たしていくことは，今後の学校生活でのより豊かな人間関係を築くことにも大きな役割を果たすと思います。また複数の学部を設置する学校であれば，小学部の児童が中学・高等部の舞台発表や展示活動を見学することを通じて，「大きくなったらこんなことをやってみたい」と感じることがあるかもしれません。文化祭を通じて児童生徒は様々な力をつけることができ，それから続く学校生活によい影響を与えることができると思います。そのような点にも留意しながら，文化祭に向けての取組を進めていきましょう。

12月

生活に関わる指導

感染症予防

城田　和晃

感染症と学校における対応

ウイルス，細菌，真菌等の微生物が体内に侵入し，臓器や組織の中で増殖することを「感染」と言い，その結果によって生じる疾病が「感染症」です。学校において感染症が広がると，学級閉鎖や学校閉鎖の影響が生じます。また，特別支援学校においては，人工呼吸器を使用していたり内部疾患があったりする児童生徒も在籍していることが多く，十分な注意が必要です。

感染症予防については，「感染経路を知ること」「具体的な予防策を理解すること」が重要ですから，以下より確認を行いましょう。

感染症と感染経路について

飛沫感染：感染している人が咳やくしゃみをした際に，口から飛ぶ病原体を近くにいる人が吸い込むことで感染します。飛沫は１m 前後で落下すると言われていますので，１～２m 以上離れていれば感染の可能性は低くなるでしょう。

空気感染：感染している人が咳やくしゃみをした際に，口から飛び出した病原体が感染性を保ったまま空気の流れによって拡散し，同じ空間にいる人もそれを吸い込んで感染することを指します。

接触感染：感染している人に触れることで起こる直接接触感染（握手，だっこなど）と汚染されたものを介して起こる間接接触感染（ドアノブ，手すり，遊具など）があります。咽頭結膜熱（プール熱）はプールでのみ感染するのではなく，ほとんどは集団生活の中での接触感染によるものと言われています。

経口感染：食べたもの，口に入ったもので感染することを指します。ノロウイルスや腸管出血性大腸菌感染症などは，便中に排出される病原体が，便器やトイレのドアノブを触った手を通して経口感染することにより発症します。

感染症の予防策について

感染経路を知ることで，感染症の予防策について具体的なイメージを得た読者の方も多いのではないかと思います。感染症予防は「手洗い」「換気」「消毒」が３本柱です。以下の表より，具体的な対応と担任として配慮すべきポイントを確認してください。

予防法	具体的な対応	担任としての配慮事項
手洗い	手首の上まで石鹸を泡立てて，水で流して洗浄します。尿，便，血液，唾液，眼脂，傷口の浸出液に触れた場合は必ずきちんと手洗いをすることが重要です。 また，洗った手を拭くにあたって布タオルを使用する場合，個人持ちを原則とし，共用は避けることが重要です。したがって，手洗いの際には，布タオルやハンカチの使い方，その携帯などを合わせて指導することが効果的であると言えます。	児童生徒の中には感覚の過敏さゆえに手洗いが難しい場合もあると思います。手洗いができるようにするための指導も大切ですが，手洗いの効果を他の方法で得られるよう検討するなど，個々の実態に応じた柔軟な対応が必要な場合もあるでしょう。
換気	可能な限り２方向の窓や扉を開放すると空気の流れができるので感染症対策の観点から効果的です。人が少ないところから人が多いところに向けた気流をつくるよう意識しましょう。 また，パーテーション等は，気流を阻害しないよう配置するとともに，施設の構造等により局所的に生じる換気不足を解消できるよう，窓や扉を開放する位置を考えることでよりよい効果が得られます。	換気による室温の変化（暑すぎる，寒すぎる等）による児童生徒への影響についても担任として配慮する必要があります。空調の効果的な使用や個々の実態に応じて座席位置を工夫するなどの視点も忘れてはいけません。
消毒	水拭きやアルコール消毒が一般的です。しかし，感染症に応じた対応が必要となるため，養護教諭と情報を共有して対応することが望ましいです。 例えば，ノロウイルスについては一般的に消毒に使われているアルコール製剤を含め，様々な消毒剤に抵抗性があると言われており，確実に消毒するには次亜塩素酸ナトリウムなどの強力な消毒薬を使う必要があります。	養護教諭と連携して対応を行うとともに，流行している感染症やその対応方法について確認をしておくことが大切です。保健室からの情報発信を確認する習慣を身につけましょう。

【参考文献】
- 厚生労働省「感染拡大防止のための効果的な換気について」
- 公益財団法人日本学校保健会「学校において予防すべき感染症の解説〈令和５年度改訂〉」

「個別の教育支援計画」に関連する関係機関の情報共有

伊藤　紘樹

「個別の教育支援計画」に関連する関係機関とは？

児童生徒の支援に関わる「関係機関」は多岐にわたります。原則として，保護者と情報共有しながら，具体的に関わっている関係機関については確認します。

支援会議等で連携が必要になった際，円滑に準備を整えることができるよう，定期的に関係機関の確認が大切になります。ここでは，一般的な「関係機関」について整理します。

児童生徒の支援に関わる「関係機関」の例

一般的に，「関係機関」とは，医療機関や福祉機関，労働機関等を指します。各関係機関との関わりは，学部や学年によっても異なるため，定期的な確認・見直しが大切です。この項では，一般的な関係機関について例示して解説します。

❶ 医療機関

児童生徒が主に通院等で利用している病院です。内科や耳鼻科等の診療科だけでなく，児童精神科や神経内科，障害者歯科等の診療科を受診しているケースもあります。家庭や学校での様子を主治医と共有することで，適切な診療につながることもあるため，正しい確認が大切です。

❷ 児童発達支援センター等

自治体によっては，「療育センター」と呼称することもあります。未就学児の支援を行うことが主ですが，地域社会への参加や包括（インクルージョン）を推進するため，特別支援学校の幼稚部や小学部とも連携を図りながら支援を行うこともあります。

❸ 放課後等デイサービス

児童生徒が授業終了後または休業日に通所する事業所で，「放デイ」と略称されることもあります。活動を通して，生活能力の向上のために必要な支援や社会との交流の促進を図ることが役割とされています。学校とは異なる環境で人間関係の形成等が図られています。

❹ 計画相談支援事業所

福祉サービスの利用に関して，相談支援専門員が「障害児支援利用計画」を作成し，その計画に基づいて必要なサービスの調整が図られます。相談支援専門員が利用計画等を作成する際に，個別の教育支援計画の情報が大切になることもあります。

❺ 福祉事務所，児童相談所

福祉専門職である「ケースワーカー」と連携を図ることもあります。ケースワーカーは自治体職員であり，教員と同様に異動があるため，担当者が変わった際には適切に引き継ぎ，記録を残すことが大切です。

特別支援教育コーディネーターとの連携

関係機関との連携調整や連絡窓口として重要な役割を果たすのが「特別支援教育コーディネーター」です。特別支援教育コーディネーターは，校内における役割だけでなく，関係機関の情報収集や整理，専門機関等へ相談をする際の連絡調整等についても担うことが定められています。

特別支援教育コーディネーターは日常的に関係機関と情報共有を行っていることから，担任が保護者から関係機関との連携に関する相談を受けた場合は，必ず特別支援教育コーディネーターと共有することが大切です。

〈「個別の教育支援計画」に関連する関係機関との情報共有のためのチェックポイント〉

□現在利用している関係機関名が正しく記載されているか？
　→ Keywords：医療機関，児童発達支援センター，放課後等デイサービス，
　　計画相談支援事業所，福祉事務所，児童相談所

□特別支援教育コーディネーターと情報共有は行ったか？
　→ keywords：事業所の担当者名，相談主訴，保護者の了解の有無

【参考文献】

- こども家庭庁「児童発達支援ガイドライン」
- こども家庭庁「放課後等デイサービスガイドライン」

12月

その他

企業就労の内定，就労の際の雇用契約

深谷　純一

企業に就労する際の内定とは

特別支援学校高等部を含め，高校生の「採用選考」の流れは下図のように全国一律で定められています。特別支援学校卒は学歴上高等学校卒とはなりませんが，就職に関しては高等学校卒扱いの採用となり，高卒のルールに基づき就職活動を行います。大学生が複数社の応募，内定を得て就職活動を行うのに対して，高校生は１人１社の応募・推薦が原則です。日程は毎年度公表されます（下図は令和６年度）。

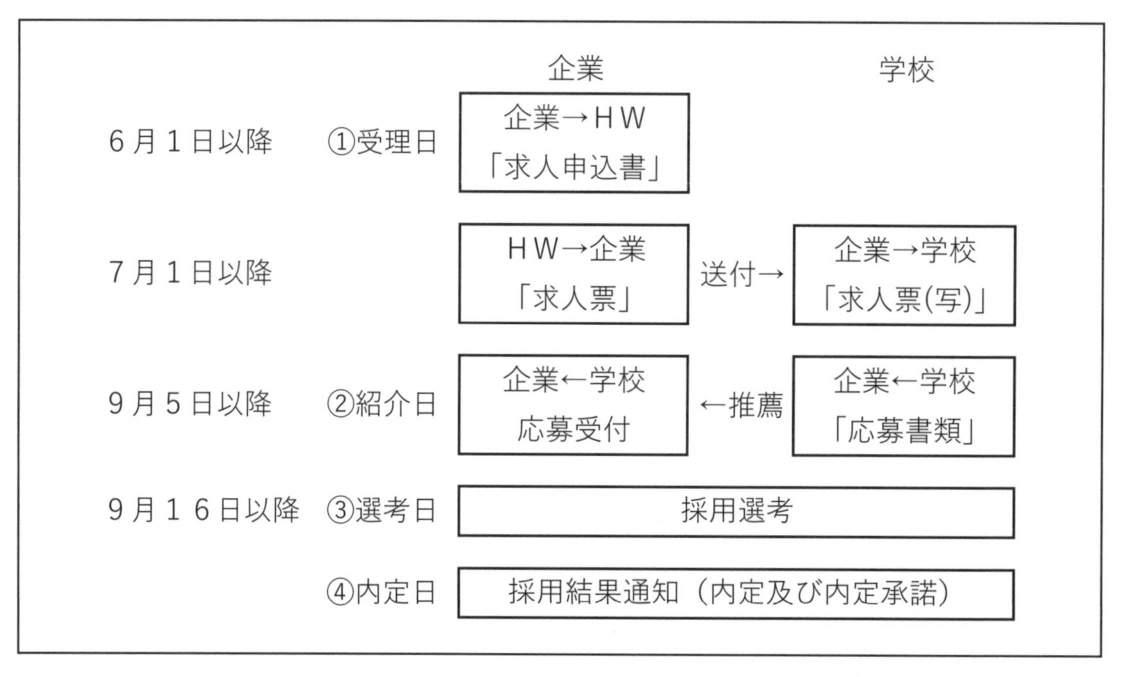

＊「HW」はハローワークの略

なお，特別支援学校の場合，授業の一環で実施する「現場実習」は，企業が行う「採用選考」と明確に区別する必要があり，注意が必要です。

企業との雇用契約とは

企業から内定が出た後，雇用契約を結ぶことになります。雇用契約の方法は企業ごとに異なります。在学中に，直接企業に出向き雇用契約を結ぶケースもあれば，企業から契約関係書類が送られてくるなど，郵送で手続きをするケースもあります。また，勤務初日にその場で雇用契約を結ぶケースもあります。雇用契約は，生徒本人と企業が結ぶ契約ですので，契約関係書類は生徒本人が記入することになります。はじめて企業と雇用契約を結ぶことになるため，事前に契約関係書類を学校に送ってもらい，学校で記入の支援（各書類の意味や書かれている内容の説明，記入個所の確認等）をしながら入社に向けた準備をすることが望ましいでしょう。

契約の際の関係書類の他に，本人・保護者の同意を得て入社時に会社に「個別の移行支援計画」を提出することができます。企業との引継ぎを充実させるためには，「個別の移行支援計画」に基づき，関係機関と連携した支援会議を効果的に実施することがとても重要です。

内定後の過ごし方について

卒業後の就労に向けた準備には，内定後の現場実習や障害者就労支援機関への登録があります。内定後の現場実習は，入社後に想定される業務へのマッチングや業務に慣れるための体験としての実習です。支援機関への登録は，企業で働き続けるための相談・支援を行う居住地域の障害者の就労を支援する機関に登録することで，卒業後は学校から支援機関に徐々に定着支援を引き継いでいきます。

進路先が決まった後の学校生活では，生徒自身が卒業後にどのような生活をしたいのか，しっかりと将来設計，ライフプランを考えておくことが大切です。そのうえで，必要な準備について，本人，家庭，学校，支援機関等で在学中に確認するなど，本人の将来設計に合わせた支援ネットワークづくりを進めます。例えば，グループホームの見学や体験，１人での通院や服薬管理，金銭管理，衛生管理など，将来の自立した生活を見据えた準備が考えられます。

【参考文献】
- 厚生労働省「令和７年３月新規高等学校卒業者の就職に係る採用選考期日等を取りまとめました」
- 東京都知的障害養護学校就業促進研究協議会編『個別移行支援計画 Q&A 基礎編』ジアース教育新社
- 宮﨑英憲編著『個別の教育支援計画に基づく個別移行支援計画の展開』ジアース教育新社

1月

今月の見通し

ラスト3か月の取組

深谷　純一

今月の見通し

みとりと個別の指導計画

- 作品の記録・返却や学習の記録の返却

行事

- 入学相談・入学者選考

生活に関わる指導

- 一人通学につながる交通機関の利用

保護者や関係機関との連携

- 「個別の移行支援計画」の作成，移行支援会議の実施

その他

- 福祉サービスを利用するための相談支援や利用計画

学校生活

年度の残り3か月は，同時並行で複数の年度のまとめに関する業務を進める必要があり，これまでの期間より取り組むべきことが多くなります。例えば，1年間積み重ねてきた一人通学への指導など，年度当初や半期で見直した目標に対する成果を引き出し，確実に定着を図ることや，特に小学部から中学部，中学部から高等部への進学では学部としての取組をまとめ，諸計画に反映し引き継いでいくことです。

小・中学部への就学は就学相談ですが，この時期，高等部では入学者の選考等が行われます。送り出す側，受け入れる側でそれぞれ実施する取組は異なりますが，児童生徒にとっても，保護者にとっても学齢期の大きな節目となりますので，そうした心情に寄り添いながら準備や実施等の対応を進めましょう。

学級経営のポイント

❶ 年度末に向けてまとめていく諸計画

児童生徒一人一人の，学校の学習全般に対する「個別の指導計画」，学校を含む地域での支援体制に関する「個別の教育支援計画」，自分の学習の記録となる「キャリア・パスポート」等，それぞれの位置づけや活用方法を整理し，計画的にまとめや評価を進めましょう。その他にも，学級経営計画や，所属している学年や学部，担当する校務分掌や委員会等でも年度末の反省と次年度に向けた改善策を求められますので，自身の業務を振り返り，提出の時期から逆算して資料作成なり指定された様式への記入なりを進めましょう。

❷ 関係機関との情報の共有や引継ぎの機会

学校以外の機関との会議設定は，多くの場合，特別支援教育コーディネーターや進路指導担当者が窓口になって進めます。学級担任は自身のスケジュール調整や，指定期日までの書類作成など，割り振られた業務について，担当者に助言を受けながら準備を進めましょう。実際の引継ぎの場面では，先方に伝えたい内容を整理して用意しておくとともに，意見や情報を求められた場合は簡潔に，学校での取組に基づいて正確に答えましょう。

仕事のポイント

● 通学の支援

特別支援学校への通学は，保護者の送迎，スクールバス，福祉サービス等の移動支援の利用，児童生徒一人での通学などがあります。法令では，都道府県が特別支援学校を設置し，通学する範囲が非常に広範囲になることもあり，寄宿舎を設置することとされています。一方，多くの特別支援学校では通学のためのスクールバスも配車しています。その中で，児童生徒の高等部卒業後の自立や社会参加に向け，安全で効果的な一人通学の指導の取組があります。

東京都立特別支援学校では一人通学の取組のプロセスとして，一人通学指導計画書を作成し，学校としての意思決定に基づき保護者の承諾を得て「付添指導」「後追い指導」「期間付一人通学」の段階を経て，一人通学を認めていきます。こうした取組を進める中で，保護者と相談しながら携帯電話の所持（GPS 機能の有無），児童生徒の実態や行動特徴（行方不明時の捜索の際に手がかりになるような内容）の把握など，緊急時の対応に備えます。

将来，支援を受けながらでも「移動」する力があれば，生活は非常に豊かになりますので，在学中に時間をかけて少しずつ実績を積み重ねていきましょう。

作品の記録・返却や学習の記録の返却

根本　麻美

作品の記録・返却

❶ 作品の記録

子供たちが制作した作品については，廊下や教室の掲示板に掲示し，他クラスの友達や校内の教員などに見てもらえるようにします。その際，何の学習で，どんなねらいで制作したのかがわかるようなキャプションをつけたり，一人一人の作品に対してコメントを書いたりして，子供たちに評価をフィードバックできるようにすることが大切です。たくさんの人に見てもらい，その作品を見た校内の教員などに称賛してもらうことで，子供たちの学びの意欲も高まります。また，学級通信に制作の様子や完成した作品などの写真を掲載し，保護者と共有できるようにします。

〈作品掲示のポイント〉

◆作品の説明，コメントを載せる

学習の内容や目的，教員からのコメント，制作者からのおすすめポイント，子供同士で鑑賞し合いよいと思ったポイントなど，キャプションをつけてわかるようにします。

◆子供の作品には，画びょうを刺さない

台紙に貼ったり，作品掲示用のファイルに入れたり，クリップを使用したりします。

❷ 作品の返却

学期末や学年末に作品を整理して家庭に持ち帰ります。その際に，作品の入る大きさの袋を用意し，側面に好きなイラストを描いたり，デコレーションしたりして，自分だけの作品バックを制作して持ち帰ることで，自分が作った作品への愛着も高まります。

学習の記録の返却

❶ 学習プリント

授業の中で使用した学習プリントは，ファイルに綴って保管しておきます。その際，保管場所を教室内の子供たちの目につきやすいところ（個人のロッカーなど）に設定することで，子供たちが自分で管理できるようにするとよいでしょう。

個別懇談の際に保護者に見せたり，学年末などに家庭に持ち帰ったりして，学習内容を共有します。

❷ 通知表

通知表も大事な学習の記録のうちの１つです。学校によって形式は異なりますが，学期末に子供たちに向けて，学びの過程と評価がわかるような形式で通知表を作成しているところもあります。学習の様子の写真やその学習となじみ深いイラストなどを入れて，文字を読むことが難しい段階の子供たちにもわかるような形式にしています。

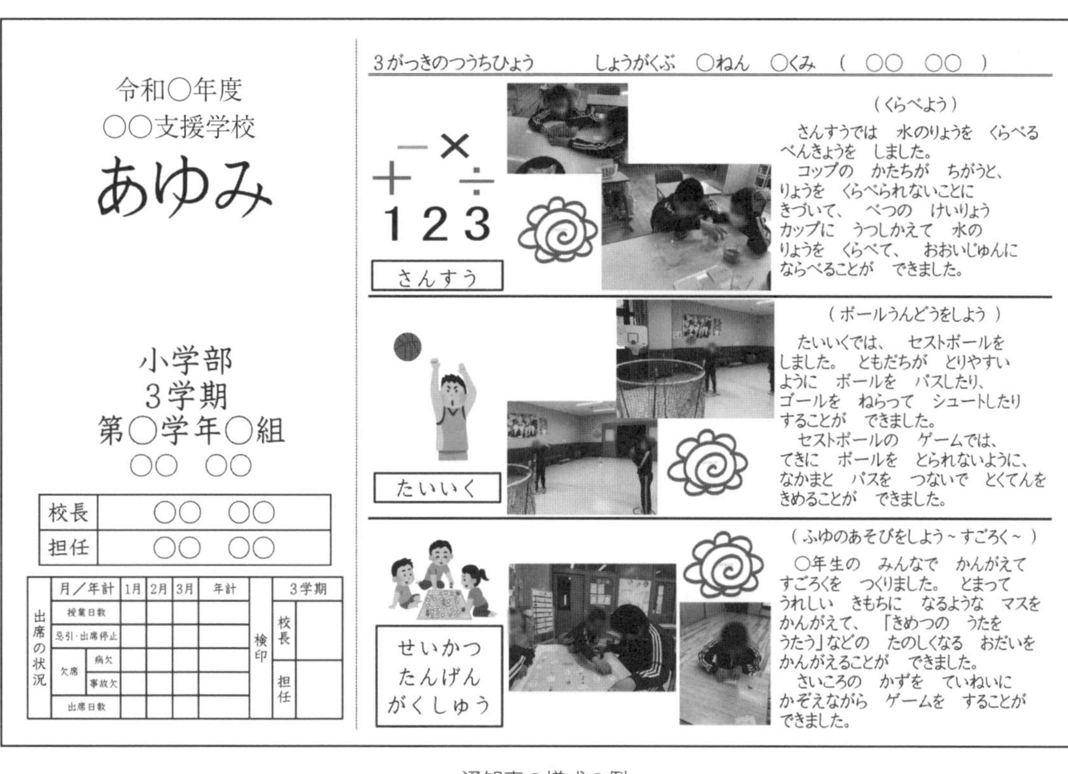

令和〇年度
〇〇支援学校
あゆみ

小学部
３学期
第〇学年〇組
〇〇　〇〇

校長	〇〇　〇〇
担任	〇〇　〇〇

出席の状況	月／年計	1月	2月	3月	年計
	授業日数				
	忌引・出席停止				
	欠席　病欠				
	欠席　事故欠				
	出席日数				

検印	3学期
校長	
担任	

3がっきのつうちひょう　しょうがくぶ　〇ねん　〇くみ　（　〇〇　〇〇　）

さんすう

（くらべよう）
さんすうでは　水のりょうを　くらべる べんきょうを　しました。
コップの　かたちが　ちがうと、りょうを　くらべられないことに きづいて、　べつの　けいりょう カップに　うつしかえて　水の りょうを　くらべて、　おおいじゅんに ならべることが　できました。

たいいく

（ ボールうんどうをしよう ）
たいいくでは、　セストボールを しました。　ともだちが　とりやすい ように　ボールを　パスしたり、ゴールを　ねらって　シュートしたり することが　できました。
セストボールの　ゲームでは、てきに　ボールを　とられないように、なかまと　パスを　つないで　とくてんを きめることが　できました。

せいかつ たんげん がくしゅう

（ ふゆのあそびをしよう～すごろく～ ）
〇年生の　みんなで　かんがえて すごろくを　つくりました。　とまって うれしい　きもちに　なるような　マスを かんがえて、　「きめつの　うたを うたう」などの　たのしくなる　おだいを かんがえることが　できました。
さいころの　かずを　ていねいに かぞえながら　ゲームを　することが できました。

通知表の様式の例

入学相談・入学者選考

吉澤　洋人

入学相談・入学者選考は大切な業務

入学相談と入学者選考。ともに生徒の高等部進学に関する言葉です。地域によっては，意味するところが異なる場合があります。

義務教育段階では，教育委員会が入学を決定していますが，学校教育法施行規則第90条（第135条準用規定）に「高等学校の入学は（中略）入学者の選抜に基づいて，校長が許可する」とあります。だからこそ，入学相談・入学者選考に関わる一連の流れの中で，応募資格の確認や手続きの説明だけでなく，学校（高等部）の教育活動や進路状況など，学校の魅力を十分に情報提供したうえで進めていく必要があります。時代の変化に伴い，生徒たちの高校選択は多様になってきています。生徒本人や保護者から問い合わせや相談を受けたときに正しい知識をもって答えられるようにしたいところです。また，所属した部や校務分掌によっては，入学者を受け入れる側として入学業務に携わります。生徒の大切な進路決定に関わる自覚をもってルールに沿った業務実施に取り組みましょう。

入学相談（東京都の例）

特別支援学校高等部のうち，募集人員が定められていない学科（例えば，知的障害特別支援学校の普通科など）の入学手続きを指します。「選考」ではなく「相談」ですので，志願者の入学の意思確認と通学区域など応募資格を確認したうえで，当該特別支援学校の校長が総合的に判断して入学許可予定者としての決定を出します。

入学者選考（東京都の例）

特別支援学校高等部のうち就業技術科及び職能開発科（職業教育を主に実施し，企業就労を目指す）など募集人員を設けている学科での入学手続きを指します。「入学者選考」ですので選考とその採点に基づき合格・不合格が決まります。

事前相談（個別説明）（東京都の例）

それぞれの特別支援学校では，出願申請前までに事前相談（職業学科では個別説明）に参加することが応募要項に記載されています。学校によっては，学校が指定する日時で実施される場合もありますので，希望する学校のスケジュールについて把握しておくことが求められます。
※地域によってはともに「入学者選考」と呼ぶ地域もあります

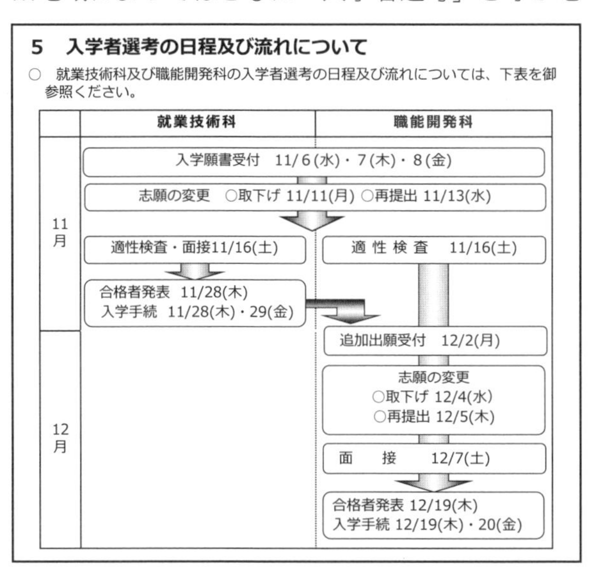

5　入学者選考の日程及び流れについて

○　就業技術科及び職能開発科の入学者選考の日程及び流れについては、下表を御参照ください。

	就業技術科	職能開発科
11月	入学願書受付　11/6(水)・7(木)・8(金)	
	志願の変更　○取下げ 11/11(月)　○再提出 11/13(水)	
	適性検査・面接11/16(土)	適 性 検 査　11/16(土)
	合格者発表　11/28(木) 入学手続　11/28(木)・29(金)	
12月		追加出願受付　12/2(月)
		志願の変更 ○取下げ 12/4(水) ○再提出 12/5(木)
		面　　接　　12/7(土)
		合格者発表 12/19(木) 入学手続 12/19(木)・20(金)

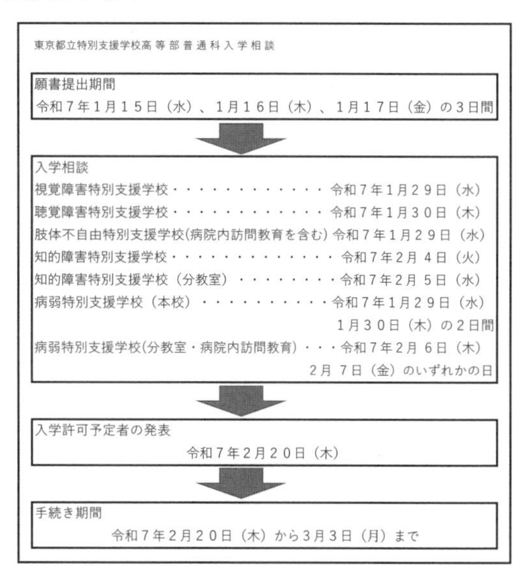

東京都立特別支援学校高等部普通科入学相談

願書提出期間
令和７年１月１５日（水）、１月１６日（木）、１月１７日（金）の３日間

入学相談
視覚障害特別支援学校・・・・・・・・・・・・令和７年１月２９日（水）
聴覚障害特別支援学校・・・・・・・・・・・・令和７年１月３０日（木）
肢体不自由特別支援学校(病院内訪問教育を含む) 令和７年１月２９日（水）
知的障害特別支援学校・・・・・・・・・・・・令和７年２月４日（火）
知的障害特別支援学校（分教室）・・・・・・・・令和７年２月５日（水）
病弱特別支援学校（本校）・・・・・・・・・・令和７年１月２９日（水）
１月３０日（木）の２日間
病弱特別支援学校(分教室・病院内訪問教育)・・・令和７年２月６日（木）
２月７日（金）のいずれかの日

入学許可予定者の発表
令和７年２月２０日（木）

手続き期間
令和７年２月２０日（木）から３月３日（月）まで

入学者選考が行われる専門学科の合格者発表後に普通科の入学相談が実施されます。自校だけでなく生徒の希望に即した地域全体の流れの把握が必要です。

〈知っておきたいこと〉

- 入学相談・入学者選考は，高等学校の入学試験と同様に，人権に配慮して実施する。志願者本人の適性や能力に関わりのない内容を調査したり，聞いたりすることがないようにしなければならない。
- 同業務は，個人情報を扱うため，慎重を期し，志願者や保護者とのやりとりは「学校」として説明や相談を行うことを十分に理解したうえで取り組む。
- 相談業務にあたっては，自校の取組について十分な情報を提供できるよう，自校の教育課程，教育活動，進路状況などを理解し，まとめておく。

【引用・参考文献】

- 東京都教育委員会「令和７年度入学者東京都立特別支援学校高等部普通科入学相談実施要項」
- 東京都教育委員会「令和７年度入学者東京都立知的障害特別支援学校高等部就業技術科及び職能開発科入学者選考実施要項」
- 東京都教育庁都立学校教育部特別支援教育課東京都特別支援教育推進室「令和７年度入学者東京都立知的障害特別支援学校高等部就業技術科及び職能開発科入学者選考について」

一人通学につながる交通機関の利用

吉澤　洋人

一人通学＝将来の可能性拡大

特別支援学校では，多くの児童生徒が登下校にスクールバスを利用して通学しています。下校時は放課後等デイサービスを利用し，そのままご自宅まで送迎というケースも多い状況です。日常的にバスや電車などの公共交通機関を利用する場面も少ない状況ですが，公共交通機関を使った一人通学は児童生徒の将来選択の可能性を拡げます。例えばそれは高等部卒業後の進路選択を拡げます（障害福祉サービス事業所の中には「自力での通所」を求める事業所もあります）。生活圏が拡がり，多くの人と場所とつながります。その経験は本人の自信となり，ひいては意思表出や将来の意思決定支援にもつながります。

見通しをもって長期的視点で

突然「一人通学を目指しましょう」と言っても，なかなか保護者の協力を得られるものではありません。個別面談等の機会を利用して，進路に関わって少し遠い将来の話題を取り入れながら，身近な１年後への目標の１つとして，公共交通機関の利用について話題にしていくことも１つの方法です。

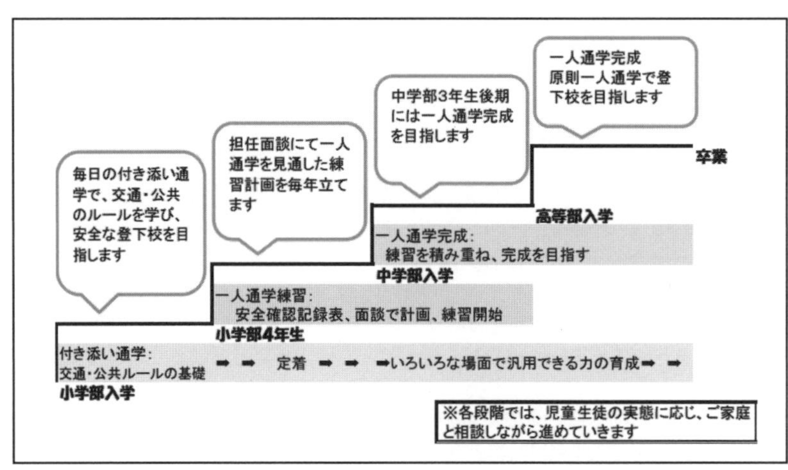

一人通学練習に向けたあれこれ

必要性や意義はわかっていても，なかなか一歩が踏み出せないのが一人通学へのチャレンジです。ここでは，その後押しとなるような情報提供の例について見ていきます。

❶ 交通機関利用に向けた情報共有

交通機関利用については，校外学習など学校での様子を保護者と共有し，児童生徒のもっている力について伝えていくことも有効です。その折，学校に「一人通学の安全確認表」などの資料があると一人通学に向けて，見通しや次の目標が立てやすくなります。

❷ もしものときの対応（ヘルプカード）について

交通機関の遅れなど，不測の事態への保護者の不安は尽きません。もしものときの対応としてヘルプカードなどの提案，作成に協力していくことで一人通学練習への後押しになることもあります。他に携帯電話や GPS も保護者にとっての安心材料となります。

一人通学練習・一人通学指導　安全確認記録表

一人通学練習を始める前に、お子さんの安全に関する実態をお知らせください。

記入後は担任へご提出ください。

（　　）部門（　　）部（　　）年（　　）組　名前（　　　　　　　　）

確認日：　年　月　日		記入者（　　　）	以下○で囲んでください。
交通安全ルールの理解	1	指定された通学路を守っている。	できている／できていない
	2	歩道やガードレールのない道路では、安全に道路の端を通ることができる。	できている／できていない
	3	歩行者や自転車との接触を回避できる。	できている／できていない
	4	信号を守って横断歩道や交差点を渡ることができる。	できている／できていない
	5	信号のない横断歩道や交差点では、一旦止まり、左右の安全を確認してから渡ることができる。	できている／できていない
	6	交差点や道路を横断する時には、横断歩道や歩道橋を利用している。	できている／できていない
	7	道路標識を見て従うことができる。	できている／できていない
	8	緊急車両を理解し、青信号でも通過してから渡ることができる。	できている／できていない
	9	電車やバスの乗車・降車がスムーズにできる。	できている／できていない
	10	駅のホームでは、危険を回避して安全に行動することができる。	できている／できていない
社会マナー	1	金銭や IC カードを自己管理することができる。	できている／できていない
	2	定期券や IC カード等を正しく使える。	できている／できていない
	3	バスや電車を待つ間、列を守って待つことができる。	できている／できていない
	4	バスや電車の車内で周りの人に迷惑をかけないように行動できる。	できている／できていない
	5	バスや電車の車内が混雑していても落ち着いて行動できる。	できている／できていない
その他	1	緊急時に学校や家庭に連絡が取れる。	できている／できていない
	2	困ったときに周りに支援を求めることができる。	できている／できていない
	3	見知らぬ人と適切な関わり方ができる。また、危険を回避できる。	できている／できていない

一人通学　安全確認記録表

ヘルプカードについて

緊急連絡先や必要な支援内容が記載された「ヘルプカード」は、障害のある方などが災害時や日常生活の中で困ったときに、周囲に自己の障害への理解や支援を求めるためのものです。かばんにぶら下げるなど、周囲の支援する人が目につきやすい場所で所持をお願いします。

保護者の方へ

下のカード裏面枠内に配慮してほしいことをご記入ください。**ご記入いただいた文字をパソコンで打ち直し、ひものついたカードにしてお渡しします。**

例をご参考ください。

例）・ゆっくりとはなしてほしい。

・長々と話さずに、簡潔に話してほしい。

・話している内容が理解できているかどうか本人に聞きながら確認してほしい。

・安心できる優しい口調で話してほしい。

など

ヘルプカード〈○○特別支援学校版〉

表　面

ヘルプカード

裏を見てください。

あなたの支援が必要です。

裏　面

名前

連絡先　○○特別支援学校

電話番号　042-○○○-△△△△

配慮してほしいこと

ヘルプカードのお知らせ

最寄り駅から学校までを教員や家族と手をつないで歩いていた小学部入学当時。数年経ち児童から手をつなぐようになり，高学年ではそっと後ろから見守り，徐々に距離が離れていく。気の長い話ですが，ある日突然ではなく地道な積み上げが児童生徒の可能性を拡げていきます。ぜひ，長期の視点をもって，児童生徒に関わってみてください。

「個別の移行支援計画」の作成，移行支援会議の実施

山﨑慶太郎

個別の移行支援計画作成の意義

卒業後は慣れない仕事や人間関係に悩むことも多く，就労生活や私生活にも影響が出てくる可能性があります。自分の障害と向き合いながら「子供から大人」への移行をスムーズに行えるように，支援者が連携をすることは重要です。個別の移行支援計画は，卒業後の本人への支援の内容を共有し，活用する役割を担っています。

個別の移行支援計画作成における留意点

個別の移行支援計画作成にあたり，以下の点に留意して作成してみてください。

❶本人や保護者のニーズを把握

本人・保護者への聞き取りをしっかりと行い，本人の将来の夢や願いをもとに，就労先に定着し，私生活や余暇等も充実するために必要な支援内容を記入しましょう。その際，福祉サービスや地域の社会資源について説明し，登録が必要な場合は情報提供しましょう。

❷個別の移行支援計画の作成

担任として，生徒の在学中の課題，現場実習での課題等から考えられる「予想される課題」に対する支援について，可能な限り具体的に記入しましょう。

❸作成後は本人・保護者へ説明

個別面談等の機会で保護者に説明しましょう。生徒本人には，授業や面談等でわかりやすく説明できるようにしましょう。その際，卒業後に困ったことがあれば，学校や障害者就業・生活支援センター等に自分から相談することの重要性を伝えましょう。

【令和　年度・○○○特別支援学校・個別移行支援計画（第　期）】

1 本人のプロフィール　　学級担任：　　副担任：　　（　組）

ふりがな		生年月日	(R .4.1現在 歳)
氏　名		電話番号	
所　属			
住　所			
保護者		電話番号	
住　所			

（令和　年2月現在）

2 卒業時の進路先

法人名			業務内容	
勤務先	所在地		本社 所在地	
	電話番号		電話番号	
	担当部・者		担当部・者	
	通勤時間	分　最寄り駅：		

3 予想される課題や将来の生活についての希望

生徒の願いを反映できるように，
事前に面談を設定して願いを確認し，
学習活動の中で考えたりできるとよいでしょう。

4 具体的な支援

家庭生活	担当者		
	(GHの場合)		
	生活支援 住所 連絡先		
	生活支援 住所 連絡先		
進路先の生活	機関名		
	就労支援1 住所1 連絡先1		
	(就労支援2) (住所2) (連絡先2)		
余暇・医療・地域支援	機関名		
	機関名 担当者 連絡先		
	機関名 住所 連絡先		
出身校	機関名 担当者 連絡先		

以上の支援計画について、支援機関や進路先へ提示（提出）することを了承します。

令和　年　月　日

本人氏名(自筆)＿＿＿＿＿＿＿＿　保護者氏名＿＿＿＿＿＿＿＿

個別の移行支援計画の例

個別の移行支援会議の開催

個別の移行支援計画を活用し，関係機関と顔合わせを行います。本人・保護者が「困ったときにはこの人に相談する」等，相談窓口がわかるようにしましょう。また，本人が主体の移行支援会議となるように，「予想される困りごと」への対応について，自ら支援を依頼する，その経験を積む場としても有効な機会となるでしょう。事前に本人と，関係機関に話をしたいことを相談しておくとよいと思います。

福祉サービスを利用するための相談支援や利用計画

深谷　純一

相談支援について

福祉サービスを利用するためには，保護者が自ら計画を作成することもできますが，障害のあるお子さんやその家族が適切な支援を受けられるようにサポートする相談支援事業があります。具体的な役割は，障害児通所サービスを利用するために必要な計画の作成や，サービス利用中のモニタリングや計画の見直し，必要に応じたサービス内容調整，利用者や家族の悩みや相談に応じた各サービス事業者との連絡調整などです。

相談支援に携わる機関は，学校生活以外のキーマンとなるので，機会をつくり連携を図りましょう。

障害児支援利用計画等について

「障害児支援利用計画」や「サービス等利用計画」は，障害のあるお子さんやその家族が必要とする支援を計画的に受けるための書類です。これらの計画は，福祉，保健，医療，教育，就労などの幅広い支援を組み合わせて，個々のニーズに応じた最適なサービスを提供するために作成されます。計画の作成は，指定された相談支援事業者が行い，利用者本人や家族の意向を反映させながら，解決すべき課題や支援方針を明確にします。

具体的な内容は，まず利用者及びその家族の生活に対する意向を聞き取り，総合的な援助の方針のもとで長期目標，そして短期目標を立てます。この目標に基づき，解決すべき課題や本人のニーズに優先順位をつけ，支援目標と達成時期を明確にして，必要な福祉サービス等の種類・内容・量を設定していきます。厚生労働省の計画の様式例（次ページに掲載）ではこの際，課題解決のための本人の役割や，支援目標の評価時期についても定めるよう示しています。

個別の教育支援計画や個別の指導計画と障害児支援利用計画等との関係について

それぞれの計画は，障害のある子供たちに対する支援を効果的に行うために重要な役割を果たしています。おおよその目的や内容は以下の表のように整理されます。

これらの計画は，児童生徒の教育や生活全般にわたる支援を一貫して行うために，相互に連携しながら作成・活用されることが求められます。例えば，個別の教育支援計画は，個別の指導計画を作成する際の基礎資料となります。また，個別の教育支援計画は障害児支援利用計画と情報を共有することで，より包括的な支援が可能になります。

サービス等利用計画案・障害児支援利用計画案（例）

利用者氏名（児童氏名）		障害程度区分		相談支援事業者名	
障害福祉サービス受給者証番号				計画作成担当者	
地域相談支援受給者証番号		通所受給者証番号			
計画案作成日		モニタリング期間（開始年月）		利用者同意署名欄	

利用者及びその家族の生活に対する意向（希望する生活）	
総合的な援助の方針	
長期目標	
短期目標	

優先順位	解決すべき課題（本人のニーズ）	支援目標	達成時期	福祉サービス等 種類・内容・量（頻度・時間）	課題解決のための本人の役割	評価時期	その他留意事項
1							
2							

厚生労働省サービス等利用計画等書式

諸計画比較

	目的	内容
個別の教育支援計画	家庭，地域，関係機関が連携し，長期的な視点で児童生徒へ教育的支援を行うために，学校で作成します。	児童生徒や保護者の願い，教育的ニーズに対する目標，学校を含む関係機関が担う支援内容などを含みます。
個別の指導計画	教育課程に基づき児童生徒の実態に応じた適切な指導を行うために，学校で作成します。	個々の児童生徒に対する各教科等の指導目標，指導内容，指導方法を記載し，学期や前期・後期ごとに評価を行います。
障害児支援利用計画	障害のある子供が福祉サービスを利用するために，福祉機関が中心となって作成します。	障害のある子供と家族の意向に基づき支援の目標を設定し，必要な福祉サービスを記載します。

【参考文献】
- 文部科学省「個別の教育支援計画の参考様式について」
- 厚生労働省「障害保健福祉関係会議資料について」
- 中村忠雄・須田正信編著『はじめてつくる「個別の教育支援計画」』明治図書

今月の見通し

2月 今年度のまとめと来年度への引継ぎへ

深谷　純一

今月の見通し

みとりと個別の指導計画
- 「個別の指導計画」の評価（後期）
- 「キャリア・パスポート」の評価

行事
- 就学相談・体験入学

生活に関わる指導
- 問題行動等への対応

保護者や関係機関との連携
- 年度末の「支援会議」「個人面談（進級・卒業）」

その他

学校生活

２月は，引継ぎの資料作成や１年間の取組の評価等，実質的に１年間のまとめを行う時期となります。また，次年度入学予定の児童生徒向けに学校で過ごす体験入学を実施する学校もあります。新入生の場合は，この体験の様子を学級編制の参考にしますが，進級する際に組替えをする場合は，学年の中で情報を共有し編制の基礎案を固めていきます。その際，児童生徒本人の情報はもちろん，保護者の学校への期待等も大切な情報になります。１年をかけて築いてきた保護者との信頼関係を，確実に次年度に引き継ぐためにも，児童生徒の成長と次の課題を明確にすることが必要です。

学級経営のポイント

❶ 1年間の評価に関する保護者との面談

個別の指導計画については，主に年度当初の計画作成時，前期の評価と後期の目標立案時，そして後期の評価の時期に面談を通じ保護者と共有します。個別の指導計画作成や前期・後期の切り替えでは保護者の要望や意見も反映しますが，年度末は1年間の成果を振り返るとともに次年度に引き継ぐ課題を確認します。成長した点を共有することが大切ですが，客観的に課題を共有することも重要です。この際，家庭での成長の様子等も伺い，引き継ぐ内容に加えるといいでしょう。

❷ 学級経営計画の評価

年度当初に計画し，年度途中に見直した学級経営計画について，自らの学級運営を振り返り，学級が学習や生活の基盤となっていたか，教員と児童生徒の信頼関係は構築されていたか，児童生徒同士のよりよい関係は育まれていたか等を評価します。自らの学級経営を自己評価することになりますが，自身の客観視は難しいこともあるので，学年主任など経験の長い，職層が上位等の教員に助言を求めるとよいでしょう。

仕事のポイント

● 障害の受容

1年間の中で個人面談や家庭訪問，保護者会や日々の連絡帳等のやりとりを通じて，保護者と学級担任は十分に信頼関係を構築できている時期です。ある側面では児童生徒についてもっともくわしいのは保護者とも言えますし，若手の教員にとって保護者から学ぶことも多くあります。児童生徒が生まれてから現在まで，どのような成育歴を辿っているかを知ることも指導や支援の参考になりますが，子供の成長に保護者がどのように関わってきたかも大切な情報です。一般に，保護者が子供の障害に気づき，受容に至るまでには「疑念・混乱」「ショックと安堵」「努力・挑戦」「障害の受容」のプロセスを経ていく傾向があるとされています。子供が成長するどの段階で他の子供との違いに気づいたのか，どのような流れで障害等の診断を受けたのか，どうして特別支援学校への就学等を選択したのか。時に児童生徒の障害について保護者の受け止めと学校が把握している状態に大きな開きがあることもあります。その際に，保護者が理解していないと捉えるのではなく，情報が不足していたり葛藤していたり，なぜ受け止めに差があるのか，その背景にも気を配ることができるようになりましょう。

【参考文献】

- 文部科学省「特別支援教育について」第5部　保護者・本人用

「個別の指導計画」の評価（後期）

遠藤真由美

「個別の指導計画」後期の評価を行う意義

２月には個別の指導計画の後期，そして年度末の評価を行います。前期の評価と同様に，目標に照らし教科ごとに児童生徒の学びの姿から成果と課題を端的に表記します。その中で，年度末の評価は，前期と合わせて１年間の学習成果の評価でもあります。次年度への引継ぎ資料とするため，成果に加え課題となることを示すとともに，指導要録への記載を前提に内容を考える必要もあります。

前期と後期がつながっている評価を

個別の指導計画の，後期の目標を設定する際は，前期の評価と反省をもとに作成することをお示ししてきました。前期と後期が同じ目標となっている場合があるかもしれません。これは前期に設定した目標の具体性が不足していたか，あるいは目標が少し高かった可能性があります。前期の評価において目標を修正することも可能と説明しましたが，これは後期も同様です。また，目標の達成まで，もう少し次年度も継続して取り組むべきと考える場合には，もう少しである課題を端的に表記しつつ，次年度当該児童生徒を担当する学級担任等に，指導や支援で伸長に寄与した指導内容や方法，配慮等を確実に引き継いでいきましょう。

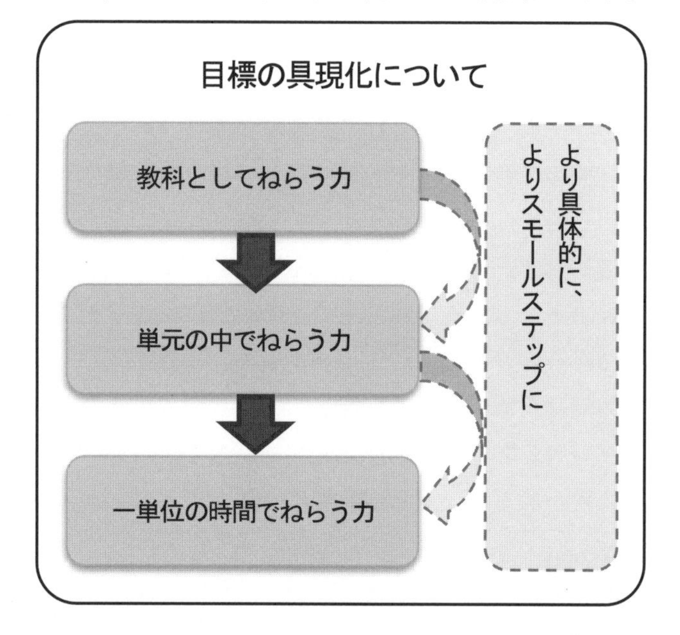

指導と評価が一体となった，計画的な指導をするためには，日々の授業の目標がより具体的に，よりスモ

ールステップで設定されていることが必要です。日々の授業での評価の積み重ねが単元での評価であり，最終的に１年間の評価となります。図のように，教科としてねらう目標や内容を「知識及び技能」，「思考力・判断力・表現力等」，「学びに向かう力・人間性等」の資質・能力の３つの柱から，日々の授業での児童生徒が活動する具体的な姿をイメージしていくと，日々の授業で評価しやすい目標になります。そして，適切かつ明確な目標に基づく指導による，実際の授業で学ぶ児童生徒の姿を評価することで，児童生徒や保護者に伝わる評価となります。

児童生徒本人と共有する目標・評価

個別の指導計画については，対象となる児童生徒の保護者だけでなく，児童生徒本人とも確認することをおすすめしてきました。授業の冒頭に，本時の「めあて」を児童生徒に示し共有することがありますが，それは「めあて」に向かい児童生徒が自ら試行錯誤して学びを積み重ねていくことをねらっているのではないでしょうか。個別の指導計画も，学期や前期後期といった長い期間での「めあて」と捉えると，児童生徒が自らの学びを自分自身で考える主体的な学びにつながります。

個別の指導計画とは別に，児童生徒が理解しやすいように，写真を使ったり，花丸マークをつけたり，ひらがなを分かち書きにしたりする等，書式を工夫して，評価が伝わりやすい通知表を作成している学校もあります。また，キャリア・パスポートとして児童生徒に還元している取組もあります。児童生徒が評価を受け，「うれしい」と感じ，また次から「がんばろう！」と意欲がわいてくるような表現となるよう心がけてください。

評価を受ける，評価を行うことで，学びの主体である児童生徒と保護者，そして教員が，次の授業のめあてや目標などの「目指していくところ」を共有し，その達成に向けて取り組んでいくことにつながる評価にしましょう。

〈知っておきたいこと〉

- 後期だけを評価するのではなく，１年間を通しての評価を考える。
- 文章表記の場合の評価の文末表現を統一する（前期の評価を参考にする）。
- 目標と評価について，子供たちと共有する。

「キャリア・パスポート」の評価

根本　麻美

授業の中でキャリア教育の場面をきちんと意識して指導する

４月に作成した「キャリアガイダンスシート（通称：キャリア・パスポート）」の中で，特に育てたい力とどんな場面で指導をするかを明確にするために，単元案（相馬支援学校で日常使いしている指導案）にキャリア教育の項目を明記して，教師が意識して指導できるようにします。例えば，小学部２学年の生活単元学習「学校探検をしよう」という単元の中で，キャリア教育の４つの基礎的・汎用的能力の「人間関係形成・社会形成能力」を特に意識して指導したいと考えた場合，単元を通してどんな働きかけをしていきたいかを以下のように単元案に記載します。こうして記載することで，単元の中でキャリア教育の視点で子供たちに働きかける場面が明確になり，指導に一貫性が出ます。

学級経営（HR経営）　生徒指導　（キャリア教育）　生涯学習 個別の教育支援計画　重複障害者の指導	
特に意識して取り組むこと（事前）	反省・課題（事後）
小２　A ○人間関係形成・社会形成能力 　学級担任、友達以外の人との関係を築いていくために、出会った人とはできるだけ顔を合わせて挨拶できるようにする。	○

単元の学習評価を蓄積する

単元の終了後に各教科等の資質・能力の学習評価をする際に，キャリア教育の働きかけについても，どんな姿が見られたかを評価するようにします。

〈調和的な発達の支援〉☆キャリア教育　【人間関係形成・社会形成能力】 学級の友達、担任、その他学部の友達や校内にいる教員の存在に気付いて、教師と一緒に挨拶をしたり、関わったりする。 【評価】 　校内で出会う人の存在に気付いて目線を向け、教師と一緒に校内の先生方や友達に挨拶することができた。

これらの単元ごとの記録を蓄積しておくことで，次に働きかける場面やその際の手立ての改善につながったり，学期末などの評価の時期にすぐ対応できたりします。

学びを子供と共有する

基礎的・汎用的能力の育成のために働きかけてきたことに対して，子供たちと学びを振り返る時間を設けます。その際，学習の様子を写真や動画で見て思い出したり，ワークシートなどを用いてどのように考えて行動したかの思考の過程を振り返ったりしながら，自身の成長を感じられるようにすることが大切です。

キャリア・パスポートの評価

授業や学校生活全体の中で，キャリア教育の視点での働きかけに対して見られた子供たちの取組の様子や，子供たちとの振り返りを通して出てきた本人の学びなどをキャリアガイダンスシートに反映させてまとめます。

特に育てたい力（基礎的・汎用的能力から）＊特に力を意識して働きかける項目に○

○人間関係形成・社会形成能力	○自己理解・自己管理能力
＊多様な他者の考えや立場を理解し、相手の意見を聴いて自分の考えを正確に伝えることができるとともに、自分の置かれている状況を受け止め、役割を果たしつつ他者と協力・協働して社会に参画し、今後の社会を積極的に形成することができる力	＊自分が「できること」「意義を感じること」「したいこと」について、社会との相互関係を保ちつつ、今後の自分自身の可能性を含めた肯定的な理解に基づき主体的に行動すると同時に、自らの思考や感情を律し、かつ、今後の成長のために進んで学ぼうとする力
○課題対応能力	**○キャリアプランニング能力**
＊仕事をする上での様々な課題を発見・分析し、適切な計画を立ててその課題を処理し、解決することのできる力	＊「働くこと」の意義を理解し、自らが果たすべき様々な立場や役割との関連を踏まえて「働くこと」を位置づけ、多様な生き方に関する様々な情報を適切に取捨選択・活用しながら、自ら主体的に判断してキャリアを形成していく力

社会（学校）の中での自分の役割を果たしながら、自分らしい生き方を実現していくための働きかけ

●通年：スクーリングで登校した時には、様々な人に挨拶をしたり、一緒に学習したりできる機会を設定する。
●生活単元学習：「あたらしいせんせい・おともだち」や「がっこうたんけん」などの学習の中で、新たな友達や教師の存在に気付き、挨拶をしたり、同じ活動を共有したりすることで、関わる機会を設定する。
●児童会・学校行事：「さくえさい」や小学部の児童会活動等で、小学部の友達と関わったり、大勢の人のいる場に参加したりすることで、他の人の存在に気付き、意識を向けられるようにする。

取組の様子	
前期 スクーリング時に、校内で会った先生に挨拶をしたり、担任以外の先生と一緒に学習したりして、いろいろな先生がいることに気付いて、目の前に来た人にじっと目線を向けたり、声を聞いて鼻を動かして反応したりする様子が見られた。また、先生の「おはようございます」の言葉掛けに合わせて、鼻を鳴らして挨拶をしようとするような姿も見られた。	後期 「咲笑祭」では、小学部の友達と一緒に発表に取り組んだ。新しく関わる友達や先生に声を掛けられると、声のする方に目線を向けて、その存在に気付いている様子が見られた。また、以前は大きな集団になると、刺激が多すぎて目を閉じてしまうことが多かったが、声のする方に目線を向けて、周囲の様子を知ろうとしている姿が見られるようになってきた。

就学相談・体験入学

小笠原靖子

特別支援学校に就学するにあたって

支援を必要とするお子さんを育てている保護者が，小学校または中学校で特別支援学校への就学や入学を希望するときに実施するものを就学相談と言います。就学相談はいくつかの手順を踏んで実施されるものです。

就学相談を受ける保護者は子育ての中で自身のお子さんの身体面や知的面，情緒面などにおいて悩みや不安を抱いていることがあります。そのような悩みを受け止め，特別支援学校の就学へつなぐ手続きとして，就学相談と体験入学があります。

就学相談

お子さんの身体に何らかの障害があったり，知的発達に遅れが見られたりする場合には，以下のような流れで就学相談が実施されます。

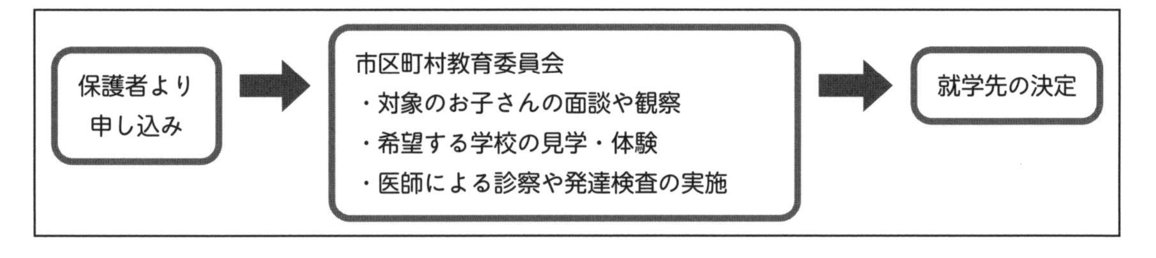

特別支援学校は都道府県にて設置されていることが多くありますが，その場合においても保護者は在住している市区町村に申し込みを行います。その後，市区町村教育委員会担当者が幼稚園・保育園や小学校に訪問し，対象のお子さんの障害の状況や日常の様子を観察します。障害特性に合った学校へ見学や体験，医師による診断や発達検査を経て就学先を決定します。

体験入学

就学相談にて就学先が特別支援学校に決定したのち，概ね２月頃に体験入学を実施します。体験入学は次のような活動を実施することがあります。

- 運動機能を見る活動（身体機能の様子の観察，基礎的な運動能力の確認）
- 日常生活面を見る活動（着替えの様子や排せつ面の確認，呼名等への受け答えの様子）
- 小集団での活動（手遊びやパネルシアターの鑑賞，絵本の読み聞かせなど）
- 個別学習（基礎的な学習の状況の確認）

この内容はお子さんが対象となりますが，たいていの学校ではお子さんが活動している間に別の場で保護者に入学に向けての説明会を行います。体験入学を担当する部署の実施計画に従い自身の担当する業務分担の準備を進めましょう。体験入学で当日のお子さんの様子を観察する役割を担当する場合には，事前に提示される資料をよく確認しておくことが大切です。

体験入学を終えると，その後は体験入学にて把握した児童生徒の実態に基づき学級編制の検討を行います。スクールバスを運行している場合はバスコースの検討やご家庭へのバスコース，バス停の位置，乗降時間の通知を行います。近年は共働き世帯が多くなっているため保護者の関心も高くなっています。またスクールバスの安全な運行のために，児童生徒の乗車時の様子（シートベルトを付けていられるか，てんかん発作を有している場合には適切な対応について等）については，保護者より聞き取りを十分に行う必要があります。

体験入学は，特別支援学校に入学する入り口段階と言えるものです。特に未就学児童の場合，保護者によってはお子さんの障害について未だ受け止められておらず，戸惑う気持ちを抱きながらも特別支援学校への入学を検討している場合もあります。また保護者はもちろんお子さんにとっても，はじめての新しい環境に対しては不安を抱きやすいものです。

その不安を少しでも解消し，何よりもお子さんと保護者に「この学校に入学するのが楽しみだ」と思ってもらえるような体験入学としていけるよう，お子さんや保護者への丁寧で気持ちのよい対応をすることや当日の流れを事前にしっかりと確認しておくことも大切です。他の先生方とも協力して実施していきましょう。

【参考文献】
- 東京都教育委員会「就学相談リーフレット」

問題行動等への対応

城田　和晃

「問題行動」への対応にあたって

「問題行動」とは，社会規範に照らしたときに，何らかの好ましくない意味をもつ行動を指す言葉です。児童生徒の「困った行動」と表現するとより身近に感じられるかもしれません。「かんしゃくを起こす」「離席してしまう」「大きな声を出す」など，児童生徒の「困った行動」への対応において重要なのは，本人はやりたくてやっているわけではないという視点をもつことです。

本人自身も困っている。しかしながら，その行動は本人にとっては意味のある行動になってしまっているという立場から，行動の理由やその目的を分析し，行動を変えるための手がかりを見つけていくことが問題行動等への対応の入り口となります。

ABC分析と記録の重要性について

行動変容に関する体系的な学問としては，「応用行動分析学（ABA)」が有名です。応用行動分析では，(1)行動の前のきっかけ（Antecedent)，(2)行動（Behavior)，(3)行動後の結果(Consequence）の3点について分析的に捉えていきます。これら3つのアルファベットの頭文字を取ってABC分析と表現されることもあります。

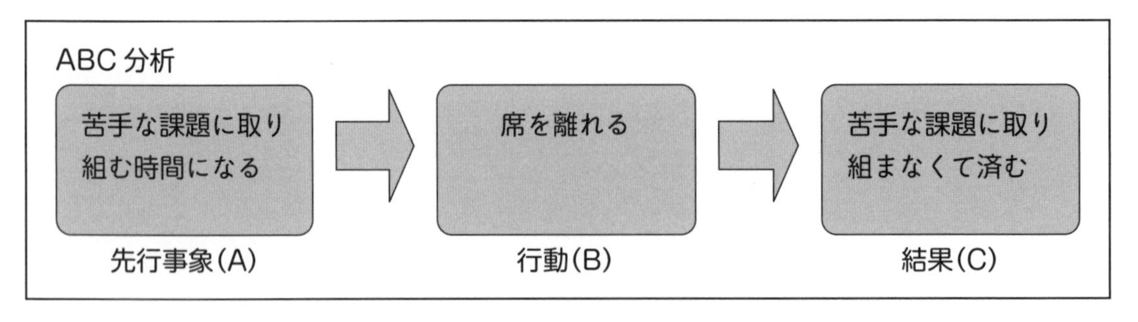

問題となる行動だけに目を向けがちですが，行動の前後を分析することで，行動の理由が明らかになってきます。

また，問題行動等への対応には記録が大変有効です。記録と聞くと何だか大変そうと思われるかもしれませんが，週時程表などを活用して，子供の困った行動が「いつ」「どの程度の頻度」で起こったかをチェックしておくだけでも十分な記録と言えます。１週間程度記録を取り，振り返ってみると，行動が起こりやすい状況と起こりにくい状況とが視覚的に理解できるはずです。この記録から行動の理由や目的について仮説を立てることができます。

応用行動分析における行動の４つの理由

応用行動分析では，行動の理由を大きく分けて４つに分別しています。

①注目の獲得	自分に注意を向けてほしいという理由から
②ものや活動の獲得	あるものや活動を手にしたいという理由から
③逃避・回避	嫌なことから逃れたいという理由から
④感覚刺激	その行動をしていると心地よいという理由から

ABC 分析や記録をもとに，問題となっている行動の理由や目的について導き出すことが効果的な指導につながります。例えば，「離席をする」という行動は教師からの注目を得たいという理由で行っているのか，その活動から逃れたいという理由で行っているのかによってアプローチは異なります。その活動から逃れたいという理由で行っているのであれば，活動が最後までできたら本人の好きな活動ができるという結果を用意したり，活動自体を短くしたりして負荷を軽減してあげるなどの支援が考えられるでしょう。

このように困ったと感じる行動には本人なりの意味があり，理由や目的が存在します。それらを分析的に捉え，アプローチを試みることが問題行動への対応の基本となります。

問題行動への対応と専門性の向上

問題行動への対応について，望ましい行動が比較的早く獲得されるケースから，問題が複雑であるがゆえに望ましい行動が獲得されるまでに時間や労力がかかるケースまで様々であると思います。対応において，時に見通しがもてなくなってしまうこともあるかもしれません。

しかし，行動の理由や目的を分析的に捉え，アプローチを続けることは特別支援教育を担う教師としての力量，そして専門性を加速度的に向上させます。問題行動の背景にある困難さを把握する力は児童生徒理解につながりますし，指導・支援のレパートリーも増えていくことと思います。これらは自立と社会参加を目指す特別支援教育を推進する原動力となります。

【参考文献】
- 小笠原恵・加藤慎吾著『発達の気になる子の「困った」を「できる」に変える　ABA トレーニング』ナツメ社

4月 5月 6月 7月 8.9月 10月 11月 12月 1月 2月 3月

保護者や関係機関との連携

年度末の「支援会議」「個人面談（進級・卒業）」

伊藤　紘樹

年度末の個人面談で大切なことは？

年度末の個人面談では，前期末と同様に，個別の指導計画の評価や児童生徒の校内での様子について共有します。ここで忘れてはいけないことは，「次年度に向けて」の確認です。

今年度取り組んできたことに対する評価をもとに，次年度取り組んでいきたいことの方向性についても確認しましょう。また，個別の教育支援計画に記載されている関係機関について変更の有無がないかの確認も大切です。

年度末の個人面談は，学校と家庭が児童生徒の１年間の成長を共有し，次年度に向けた方向性を確認する大切な機会です。保護者との関係を築くことができている時期だからこそ，児童生徒の「よかった点」や「成長したこと」をしっかりと伝え，共有することで，課題となっている事柄についても保護者が受け入れやすくなるよう努めることも大切です。この面談を通して得た情報を次年度の担任に引き継ぐことができるよう，記録の整理も重要になります。

「支援会議」の設定のために必要なこと

支援会議は，児童生徒に関係する様々な機関の方々が参加する会議であるため，事前の調整が重要です。そのため，校内で対外的な渉外業務を担当している先生と情報共有しながら進めていく必要があります。支援会議の開催に際しては，①参加を要請する関係機関の選定，②開催日時や場所の調整，③校内で参加する職員の調整，④保護者や本人の参加の有無の確認，等をします。事前調整の内容が多岐にわたるため，担任１人で対応するのではなく，学年主任や学部主事，特別支援教育コーディネーターの先生方と協力してあたることが大切です。

効果的な「支援会議」にするための工夫

支援会議では，取り上げる議題によって進め方が異なります。また，参加者はそれぞれの視点や立場で児童生徒や家庭の支援を行っているため，会議を有意義なものにするためには工夫

〇〇さん支援会議記録（記録者：□□支援学校　～～）

1　日時：令和〇年〇月〇日（〇）00：00～00：00 　場所：□□支援学校　会議室	5　家庭の状況について ①△△相談事業所 ②□□支援学校 ③☆☆事業所
2　参加者 ・□□支援学校：～、～ ・△△相談事業所：～ ・放課後等デイサービス☆☆：～	6　支援の方向性について（確認）
3　本日の目的	7　次回の会議設定について ・開催候補日→〇月〇日（〇）00：00
4　〇〇さんの気になる様子について ①□□支援学校 ②☆☆事業所	8　次回までに各所が取り組むこと ①□□支援学校 ②△△相談事業所 ③☆☆事業所

ホワイトボードを用いた支援会議の記録例

が必要です。ここでは，具体的な工夫について３つの例をあげて説明します。

❶「学校としての方針」について事前に確認する

支援会議によっては，「情報共有」や「支援の方向性を揃えること」を目的とする場合もあります。他機関からは，担任の言葉も「学校としての意見」と捉えられるため，事前に「学校として対応できること」等について確認しておくことが大切です。確認する内容に応じて，学年主任や学部主事，特別支援教育コーディネーター等の先生方と協力して準備に努めましょう。

❷「目的」に基づいた情報共有

情報共有も会議の目的に応じて行います。会議の中で，どこまでの内容を関係機関と共有するかについては，できる限り，事前に校内で確認することが大切です。

❸「今後の方向性」の確認

会議をまとめていく際には，会議後に「だれが」，「いつまでに」，「何をするか」を確認することが重要です。定期的に開催するようであれば，次回の日程や内容について確認することが大切です。「今後」について確認することで，支援会議をより有意義にすることができます。

〈「支援会議」の準備，実施のためのチェックポイント〉

□支援会議設定に必要な内容は確認したか？

→ Keywords：参加者，日時と場所，校内体制，保護者や本人の参加の有無

□支援会議を効果的なものにするための工夫は確認したか？

→ Keywords：校内の方針の確認，情報共有の意図，今後の方向性

今月の見通し

3月 進級・進学に向けた期待と準備

深谷　純一

今月の見通し

みとりと個別の指導計画
- 指導要録等の諸帳簿の作成，「個別の指導計画」の引継ぎ

行事
- 卒業式

生活に関わる指導
- 指導・支援方法等の次年度への引継ぎ

保護者や関係機関との連携
- 「個別の教育支援計画」の次年度への引継ぎ

その他
- キャリア教育

学校生活

3月は，児童生徒にとって進級や卒業，進学に向けた通常とは異なる活動が増えます。教員にとっては作成した諸計画や評価をもとに，進級先となる学年で当該児童生徒を担当する教員等への校内での引継ぎ，進学先となる学部や学校への引継ぎに加え，特に高等部卒業の際は進路先や卒業後の支援機関に個別の移行支援計画を活用した引継ぎを行います。様々な資料で様々な引継ぎ先がありますが，積み重ねてきた支援方法や配慮事項，児童生徒が果たしてきた役割や本人の意欲を引き出すポイントなど，児童生徒の引継ぎ先での活躍につなげることを心がけましょう。

学級経営のポイント

❶「表簿」の整備

学校教育法では，学校において備えなければならない表簿を規定しています。その中で学級担任が作成するのは指導要録に出席簿です。指導要録については後述しますが，出席簿についても学校で定められた様式に定められた記入方法が示され，その集計を指導要録にも記載します。まとめて何日分を記入するのではなく，日々確実に記入しましょう。

❷ 式典への参列

式典とは，毎年実施する入学式に卒業式，始業式や終業式，修了式のほか，周年行事や開校，落成など様々な機会があります。児童生徒の人生においては冠婚葬祭に参列する機会もあることから，主賓，来賓，参列者として厳正な雰囲気を求められる機会での立ち振る舞いを学ぶよい機会にしましょう。後述するように，卒業式は特に厳粛さを求められますので，始業式や終業式で意図的にマナーの指導を積み重ねていきましょう。

仕事のポイント

● 個人情報の整理・年度末の整理整頓，次年度の準備

３月は教員にとっても１年間の区切りとなります。注意すべき点として，１年のうちでもっとも個人情報を取り扱う時期であることがあげられます。学校が保有する個人情報については，個人情報の保護に関する関係法令及び各地方公共団体の条例等に基づいて，各学校が適正な取り扱いに努めています。個人情報は主に電子媒体と，学校ではまだ紙で取り扱われているものも多く，それぞれ紛失や流出，誤廃棄しないように注意が必要です。まず何が個人情報にあたるのかを理解し，自治体や学校の規定等にのっとり事故のないよう取り扱いましょう。

異動や学部など所属が大きく変わる場合は当然として，現在の所属のまま児童生徒と共に次の学年に移行し，変化が少ない場合であっても，一旦年度末は学級や職員室の整理整頓を行い，新年度に備えましょう。不要な紙資料は記載内容によって裁断もしくはリサイクルする，教材や共用の文具物品等は収納すべき場所に戻す，教室は隅々まで清掃し不要物は処分するなどして，次に使用する新たな学級担任に引き渡しましょう。

また，次年度に向けた準備も並行して行います。次年度の担当が示された後，新たな学年や校務分掌での会議，前任者からの引継ぎ，そして新たな個別の指導計画，学級経営計画，教科等の年間指導計画等の作成から，新年度に受けもつ児童生徒の受け入れ準備まで，学校のスケジュールに自ら取り組む業務等を照らし合わせ，遅れないように進行管理しましょう。

指導要録等の諸帳簿の作成，「個別の指導計画」の引継ぎ

遠藤真由美

指導要録の作成

指導要録は「学籍に関する記録」と「指導に関する記録」があり，学籍に関する事項は20年，指導に関する事項は５年保存の重要な公簿です。指導要録は教員が作成する文書の中で，法令に定められたもっとも重要な公簿であり，児童生徒の学籍並びに指導の過程及び結果の要約を記録し，指導及び外部に対する証明等に役立たせる役割があります。年度末には，当該年度１年間の学習の状況を総括的に評価しますが，その記録を確かなものにするためには，日々の個別の指導計画に基づく指導と評価の充実が重要です。

❶ 視覚障害，聴覚障害，肢体不自由及び病弱特別支援学校の「準ずる教育課程」を履修している場合

「指導に関する記録」では，行動の記録（小中のみ），教科・科目の学習の記録（観点別評価，小中のみ），取得単位数（高校のみ），評定（小３以上及び中高），総合的な学習の時間，特別活動の記録，総合所見及び指導上参考となる諸事項などを記載します。特別支援学校では自立活動の記録や，入学時の障害の状態についても記載します。指導に関する記録の作成にあたって，個別の指導計画における指導の目標，指導内容等をふまえた記載となるよう留意が必要です。

❷ 知的障害を併せ有する児童生徒の教育課程及び自立活動を主とする教育課程を履修している場合

知的障害特別支援学校の場合「指導に関する記録」では，学習指導要領に示す知的障害特別支援学校の各教科等の目標，内容に照らし，個別の指導計画に基づいて具体的に定めた指導内容，到達の程度，習得の状況などを，各教科の評価の観点及びその趣旨をふまえ，実現状況等を文章で簡潔に記載します。知的障害特別支援学校の各教科については，小中学校や高等学校等との学びの連続性を重視する観点から，その学習評価においても観点別学習状況をふまえて評価することになっています。そのため，「知識・技能」，「思考・判断・表現」，「主体的に学

習に取り組む態度」の３観点に基づく，個別の指導計画の目標に対する評価をもとに，次のような点に留意して記載します。

- ３観点，すべてをふまえる。
- 教科等ごと，段階ごとのポイントとなる表現や事項を意識して記載する。
- 各教科等を合わせた指導を行った場合も，単元における指導目標の達成状況をもとに，各教科等の目標及び内容に照らし合わせた学習状況について，教科等の欄に記載する。
- 指導要録は文字数や記入欄が限られているため，児童生徒の学びの履歴や成長がわかるよう１年間の評価から内容を抜粋し，端的にわかりやすく文章をまとめる。

「個別の指導計画」を活用した次年度への引継ぎ

学級担任や教科の担当者が，１年間を通して，個別の指導計画を活用するなどして，児童生徒の様々な資質や能力を育んできたことをふまえ，２月「『個別の指導計画』の評価（後期）」で，次年度当該児童生徒を担当する学級担任等への引継ぎについて述べました。

児童生徒の１年間の既習事項，次の目標，そのために必要と考えられる手立てなど，個別の指導計画の評価欄だけでは記載しきれないことも多くあります。そのことを一番把握しているのは学級担任や当該の教科等を担当した教員です。特別支援学校では，多くの教員が授業を担当することもあり，次年度に同じ教科や，同じ学習集団を担当しないことも多くあります。その場合には，年度末までに次年度の学級担任や教科を担当する予定の教員に，個別の指導計画をもとに，使用した教材や学習の成果物，残っている日々の学習などの記録，授業の様子を記録した動画等を使って，直接話しながら引継ぎを行うよう努めてください。

なお，年度替わりは個別の教育支援計画や，関連する様々な資料等も引き継ぐため，あらかじめ学校として引継ぎの日程を決めていることも多いことから，スケジュール通り進められるよう準備しましょう。他の都道府県に転出する場合等は，自治体によって引き継ぐ手続きが異なることもあるため，管理職の指示のもと，教務の校務分掌を担当する教員が示す手続きにのっとって適切に対応しましょう。

〈知っておきたいこと〉

- 「知識・技能」「思考・判断・表現」「主体的に学習に取り組む態度」の３観点で評価する。
- １年間の評定は，前期後期や各学期の全体を総括して評価する。
- 各都道府県において作成されている「指導要録の手引き」等を確認する。

【参考文献】
- 中央教育審議会「幼稚園，小学校，中学校，高等学校及び特別支援学校の学習指導要領等の改善及び必要な方策等について（答申）」

卒業式

小笠原靖子

新しい一歩，門出の日～卒業式～

４月からの１年の間に様々な学習活動や行事を経ての３月。学校生活の集大成でもある卒業式の日を迎えます。この日までに経験した数々の思い出が走馬灯のように思い出されることでしょう。そして卒業式は学校行事の中でもっとも厳粛な雰囲気の中で実施されることが多いため，特別支援学校の児童生徒にとっては障害特性によりそのような雰囲気があまり得意でない場合もありますが，事前の準備や配慮によりそのような状況を可能な限り回避できることが多くあります。この大切な日を迎えるにあたって，教員として確認しておきたい事項について示していきます。

卒業式の意義

卒業式とは，学習指導要領の特別活動に定められている学校行事の１つで，「儀式的行事」として示されているものです。

卒業式の中では，儀式にふさわしい参加の仕方やマナー等の規律，気品のある行動の仕方を身につけること，集団の場において規則正しく行動することなどが大切であると示されています。マナーや集団の場においての行動についてはすぐに身につくものではありません。普段の学校生活の中においても，卒業式への参加を意識して取り組んでいくというような日々の積み重ねが，卒業式に向かう指導として大切なことです。

卒業式の実際，具体的な支援について

各校によって異なる部分はありますが，卒業式では概ねこのような流れで行われることが多くあります。

①卒業生入場	②開式の辞
③国歌斉唱	④校歌斉唱
⑤学事報告	⑥卒業証書授与
⑦学校長式辞	⑧来賓祝辞
⑨来賓紹介，祝電披露	⑩在校生からの言葉
⑪卒業生の言葉	⑫閉式の辞
⑬卒業生退場	

この流れの中で一番のメインとなる項目は卒業証書授与です。特別支援学校では概ね一人一人に校長先生より卒業証書を手渡すことが多くあります。この部分をどのように支援するかはとても大切です。

また，当日は外部からの来賓や卒業生の保護者が参列します。保護者にとっては学校生活での我が子の成長を感じる日になると言えます。保護者に卒業生の晴れ姿を少しでもいい形で見せることができるよう，繰り返しの練習を重ねること，授与で歩く床に目印をつけておくこと，児童生徒の近くで見守り，必要な場面に言葉かけを行うこと等，児童生徒それぞれに合った支援方法の検討や視覚的な支援ツールの準備を行っておきましょう。

それとともに，儀式の場にふさわしい，周りが見ていても快く感じることのできる適切な支援方法（大きな声ではなく，必要最低限の音量での言葉かけや必然性のある身体支援など）も大切です。卒業式はその学校・学部では当日１回限りのものです。児童生徒はもちろん，保護者や外部の参観者にとっても，心が改まる式となるような教員の振る舞いについても意識していきましょう。

卒業式は入学式とは異なり，児童生徒の実態の把握ができていることや事前練習を重ねられる利点があります。その利点を十分に生かしていくことが大切です。

卒業式は卒業生にとっては卒業の喜びを感じるとともに，これから始まる新しい生活への希望を胸にするものであり，在校生にとっては卒業生の卒業を祝う中で，自身の進級に向けての意識を高める機会ともなります。また，６年間または３年間の学校生活を支え励ましてくれた保護者や地域の方々に向けて今までの感謝を伝え，共にこの日を迎えることのできた喜びを分かち合う機会ともなります。

児童生徒の新しい門出を祝い，次のステップへと向かう児童生徒の姿を見送るときは，おそらく感慨深くなることでしょう。教員にとっても次のステップへと向かうために大きな力となるはずです。

指導・支援方法等の次年度への引継ぎ

城田　和晃

指導・支援方法の引継ぎの重要性

年度末は，１年間の指導のまとめの時期であるとともに，次年度の準備の時期となります。学習指導要領では，「個別の指導計画に基づいて行われた学習状況や結果を適切に評価し，指導目標や指導内容，指導方法の改善に努め，より効果的な指導ができるようにすること」「学年や学校段階を越えて児童又は生徒の学習の成果が円滑に接続されるよう工夫すること」と示されています。

担任をした児童生徒が次年度も安心して学校生活を送れるよう，１年間児童生徒と共に過ごした日々を振り返りながら，次年度に向けた引継ぎの準備をしてほしいと思います。

指導・支援方法の引継ぎ資料を作成する際のポイント

担任をしている児童生徒が生き生きと学校生活を送るうえで必要な教材・教具やコミュニケーションツールにはどのようなものがあるでしょうか。環境の変化への対応が難しい子供たちも多く，生活の質を落とさないよう必要なツールや情報を余すことなく引き継ぐことがポイントになります。「個別の指導計画」「個別の教育支援計画」に基づく引継ぎについては別ページにありますので，本項では生活に関わることを中心に別の角度から引継ぎ資料を作成する際のポイントをお伝えします。既存のツールを活用し，次の担任がほしい情報を効果的にまとめることができると思います。

❶ 週時程表の活用

あなたが全く新しい学級を担任すると決まったら，個々の児童生徒の実態について知りたいと思うと同時に，以前の担任とどのように１日を過ごしていたのだろうかと思うのではないでしょうか。生活に関する引継ぎは週時程表を用いるとよいと思います。１週間の中からどこか代表的な１日を取り出し，配慮すべき指導・支援のポイントを中心に時系列でまとめ，説明できるようにしておくとよいと思います。

この際，自身が作成した引継ぎ資料を他の教師に見てもらうとよいでしょう。子供たちにとって必要で重要な指導・支援ほど自然と行っているものです。自身が気づかぬまま表現し忘れていた大切な指導・支援を漏らすことなく引き継ぐことにつながります。

❷ 教室環境図の活用

教室は子供たちの安全基地であるとともに，子供たちに必要な指導・支援のアイデアが多分に盛り込まれていることと思います。個別の指導計画や個別の教育支援計画には反映しにくい内容になりますので，指導・支援方法の引継ぎ資料として活用していただきたいと思います。

児童生徒の机の位置や周囲の環境，空間の使い方や掲示など，どれも理由があるはずです。新しい担任に委ねる部分はありますが，児童生徒の安全管理や心理的な安定，コミュニケーション等に必要な事項については確実に引き継ぐことが重要です。また，必要に応じて写真や教材等を共有するなどデジタルの利活用も効果的です。

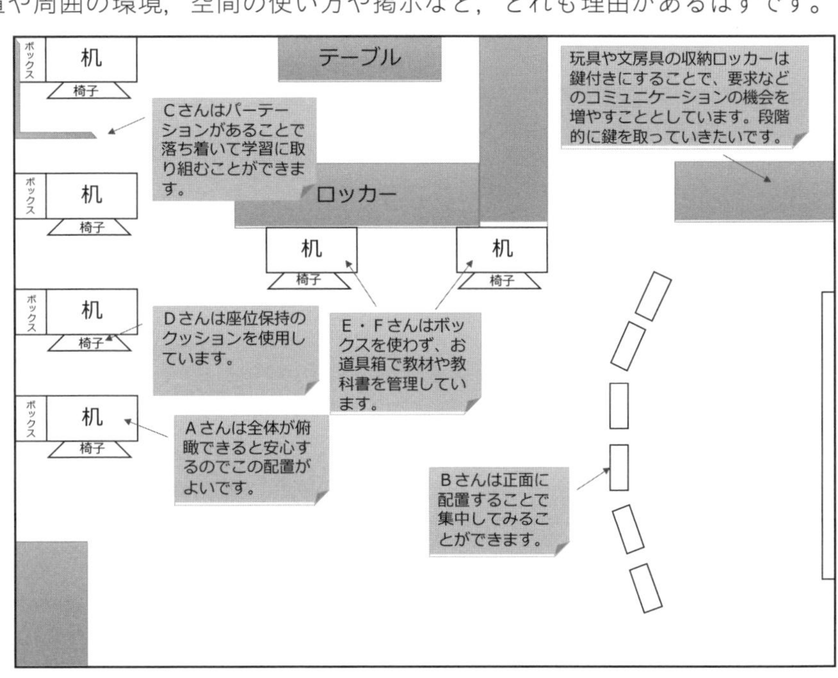

児童生徒の確かな成長のために

特別な支援を必要とする児童生徒は，教室が変わったり，担任が替わったりする環境の変化に敏感です。また，保護者も大変な不安を抱いていることを忘れてはいけません。引継ぎの大きな目的は児童生徒が円滑な新学期のスタートを切れるようにすることです。そのために，1年間の学びの履歴を振り返りつつ，丁寧な準備を進めてください。なお，特別支援学級，特別支援学校間の進学や転学等に関しては，特に計画的・組織的な引継ぎが重要となります。

【参考文献】
- 『特別支援教育の実践情報』2022年2・3月号，明治図書
- P.A. アルバートほか著・佐久間徹ほか訳『はじめての応用行動分析』二瓶社

4月 5月 6月 7月 8・9月 10月 11月 12月 1月 2月 3月

「個別の教育支援計画」の次年度への引継ぎ

伊藤　紘樹

「引継ぎ資料」としての個別の教育支援計画の重要性

３月は，１年間の指導や支援を振り返り，次年度に向けた準備を整える大切な時期です。担任の先生が取り組んできたことを，きちんと次の担任へつなげていくために大切な役割を果たすものが「個別の教育支援計画」です。「個別の教育支援計画」の中に必要な情報を整理して次年度へと引き継ぐことで，切れ目のない教育支援を実現することができます。

校内では，次年度に向けて様々な「引継ぎ資料」が作成されますが，「個別の教育支援計画」は様々な関係機関とのつながりを含めた多角的な情報を集約するため，個人面談や支援会議等で得られた情報を過不足なく載せることが大切です。

「個別の教育支援計画」の年度末引継ぎ作成のプロセス

先述した通り，個別の教育支援計画は「引継ぎ資料」としての性質も有していますが，記載する内容は，保護者と確認し，共通理解を図ります。そのため，多くの学校では，年度末個人面談までに，記載内容の整理や確認が行われます。個人面談後に，記載すべき内容が生じた際には，校内での手続きを確認のうえ，可能な限り保護者と確認することが望ましいと言えます。

「引継ぎ内容」として確認するべきポイント

次年度に向けて「個別の教育支援計画」を整理するにあたっては，主に次に示す３つの視点で確認することで，次年度に向けた引継ぎ内容を整えることができます。

❶ 支援目標の評価と次年度の目標の方向性について

今年度取り組んだ支援に対する評価とそれらに基づく次年度目標の方向性について確認します。年度末の個人面談で保護者と確認したことやこれまで取り組んできた指導記録を参考にしながらまとめていきます。

個別の教育支援計画の作成・活用プロセス

作成の主体	時期	作成・活用の段階
市区町村教育委員会が中心となり作成	就学先の決定	● 市区町村教育委員会による総合的な判断と就学先決定（第２編第３章の７）
	入学に至るまで	● 就学先への引継ぎ（第２編第３章の１１）
		【支援シート】の入力 ４．引継ぎ事項（進級、進学、転学）、５．備考（特に配慮すべき点など） ➢ 就学先の学校が作成する個別の教育支援計画の基となるものであり、就学先の学校へ確実に情報を引き継ぐ
就学先の学校が中心となり作成 支援対象となっている期間中、特に、支援シートは毎年度作成し、継時的に個人ファイル等に保存すること。なお、プロフィールシートは必要に応じて適宜加除修正すること。	入学後 ※１学期	● 個別の教育支援計画の作成（学習指導要領等に基づく）
		【プロフィールシート】の入力 ➢ 市区町村教育委員会から引き継いだプロフィールシートを活用 【支援シート（本年度の具体的な支援内容等）】の入力 ➢ 市区町村教育委員会から引き継いだ支援シートを活用するほか、既に就学前の関係機関で作成している個別の支援計画等から、適宜情報を追加する
	※定期（学期末等）	● 子供の教育的ニーズの変化の的確な把握（第２編第４章の３） ● 継続的な教育相談の実施（第２編第４章の４）
		【支援シート（本年度の具体的な支援内容等）】の評価 ➢ 対象となる子供の教育的ニーズと教育上の合理的配慮を含む必要な支援の内容を確認 ➢ 「２．支援の方向性　③支援の目標に対する関係機関との連携」の内容に関して、関係機関における評価の内容を聞き取る
	※年度末	【支援シート（本年度の具体的な支援内容等）】の入力 ４．引継ぎ事項（進級、進学、転学）、５．備考（特に配慮すべき点など） ➢ 次年度の個別の教育支援計画の基となるものであり、確実に情報を引き継ぐ
	※必要に応じて	● 在籍校と教育委員会が連携した学びの場の変更（第２編第４章の５） ● 学びの場の見直しに当たっての本人及び保護者との合意形成（第２編第４章の６）
		【支援シート（本年度の具体的な支援内容等）】の活用 ➢ 対象となる子供の教育的ニーズと教育上の合理的配慮を含む必要な支援の内容を検討・確認 ➢ 市区町村教育委員会は、必要に応じて教育支援委員会等の助言を得つつ、就学先となる学校や学びの場の柔軟な見直しに努める

❷ 合理的配慮を含む支援内容について

学校生活を進めていくうえで必要な配慮について確認します。年度内に本人や保護者と確認，共有した内容のうち，次年度にも引き継ぐべき内容を整理します。具体的な内容については，年度末個人面談での記録を確認しましょう。

❸ 関係機関などとの連携について

外部の関係機関と実施した支援会議や医療機関等との連携について確認します。年度末は関係機関の変更が生じやすい時期ですので，変更の有無については確実に保護者と確認し，個別の教育支援計画に記載してください。

〈「個別の教育支援計画」の次年度への引継ぎチェックポイント〉

□支援目標の評価と次年度目標の方向性は整理してあるか？
　→ Keywords：教育的ニーズ，長期目標，年度目標，支援の評価
□合理的配慮を含む支援内容について整理してあるか？
　→ Keywords：本人の願い，保護者の願い，これまで実施した支援の履歴
□関係機関について記録や記載は整理，確認しているか？
　→ Keywords：支援会議，医療機関，福祉機関，担当ケースワーカー

【参考文献】　●文部科学省「個別の教育支援計画の参考様式について」

キャリア教育

深谷　純一

キャリア教育について

キャリア教育は「一人一人の社会的・職業的自立に向け，必要な基盤となる能力や態度を育てることを通して，キャリア発達を促す教育」と定義されています。子供一人一人のキャリア発達を支援し，それぞれにふさわしいキャリアを形成していくために必要な能力や態度を育てることを目標とし，生きていく中で「学び続けたい」「働き続けたい」「自らの役割を果たしたい」と願い，それを実現させていく姿がキャリア教育の目指す子供の姿です。

背景となる考え方の１つには，D.E. スーパーによる，生涯における役割（ライフ・ロール）の分化と統合の過程を示した下図の「ライフ・キャリアの虹」があります。このライフ・キャリアの虹を参考に，児童生徒が担っている役割について考えてみましょう。

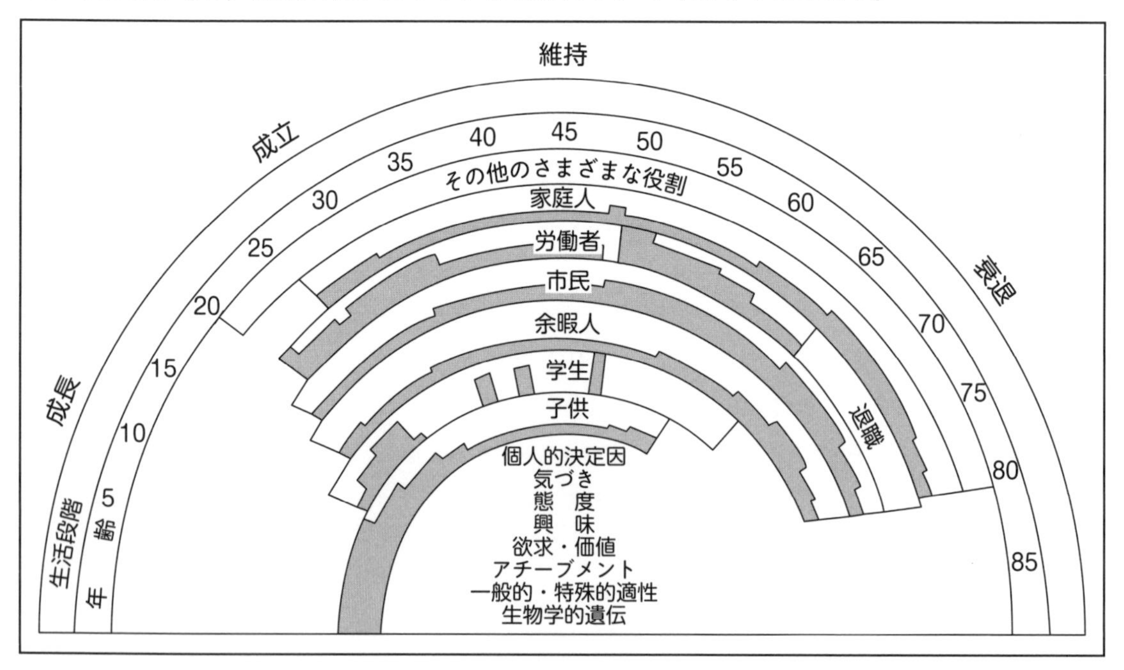

ライフ・キャリアの虹
（参考：文部科学省「中学校・高等学校キャリア教育の手引き」）

キャリア教育と職業教育や進路指導の違いについて

職業教育とは，一定又は特定の職業に従事するために必要な知識，技能，能力や態度を育てる教育とされています。具体的な職業に関する教育を通して行われるもので，社会的・職業的自立に向けて必要な基盤となる能力や態度を育成するうえで有効な教育とされています。それに対して，キャリア教育は，普通教育，専門教育を問わず様々な教育活動の中で実施されるものであり，この中に職業教育も含まれるとされています。

進路指導とキャリア教育の大きな違いは，進路指導は主に小学校から中学校へ進学する時期を目安として始まり，高等学校や高等部から進学や就職等するまでを対象とする，その期間にあります。進路指導とは生徒が自らの生き方を考え，将来に対する目的意識をもち，自分の意志と責任で進路を選択し，決定する能力・態度を身につけることができるよう，指導及び援助することとされており，進路指導の取組は，キャリア教育の中核をなすとされています。進路指導のねらいもキャリア教育の目指すところと同じです。

「個別最適な学び」及び「協働的な学び」と「キャリア教育」

令和３年１月に中央教育審議会が答申した「『令和の日本型学校教育』の構築を目指して」では，個別最適な学びと協働的な学びの実現を目指すこととしています。また，キャリア教育の充実も重要なテーマとして取り上げられており，各学校が教育課程においてキャリア教育の視点を明確化し，体系化することが求められています。これらの施策は別々な取組ではなく，児童生徒が個別最適な学びによって自分のことを理解し，協働的な学びによって他者との関わりを学ぶことで，自らの役割を自覚し担っていく力を養うことにつながります。児童生徒のすべての学びを統合することで，社会の中で自分の役割を見つけ，その社会に参加していくことが期待されます。

日々の学びの積み重ねが，児童生徒の成人期の豊かな生活につながります。教員には，そうしたキャリアへつながる指導の責任があることを自覚しましょう。

【参考文献】

- 中央教育審議会「今後の学校におけるキャリア教育・職業教育の在り方について（答申）」
- 中央教育審議会「『令和の日本型学校教育』の構築を目指して（答申）」
- 文部科学省「小学校キャリア教育の手引き」
- 文部科学省「中学校・高等学校キャリア教育の手引き」

【執筆者紹介】　＊執筆順

米谷　一雄	編著者
稗田　知子	東京都立清瀬特別支援学校
小原　由嗣	東京都立臨海青海特別支援学校
川上　康則	東京都杉並区立済美養護学校
栗原順美子	東京都立中野特別支援学校
渡辺　裕介	編著者
遠藤真由美	福島県立あぶくま支援学校
根本　麻美	福島県立相馬支援学校
小笠原靖子	東京都立立川学園
城田　和晃	東京都教職員研修センター
伊藤　紘樹	神奈川県横浜市教育委員会
吉澤　洋人	東京都立あきる野学園
山﨑慶太郎	千葉県立特別支援学校流山高等学園
深谷　純一	編著者

【編著者紹介】
米谷　一雄（よねや　かずお）
全国特別支援学校知的障害教育校長会　会長
東京都立水元小合学園　統括校長

深谷　純一（ふかたに　じゅんいち）
東京都教育庁指導部・都立学校教育部（兼務）
主任指導主事

渡辺　裕介（わたなべ　ゆうすけ）
東京都立練馬特別支援学校　校長

特別支援教育の実践研究会
（とくべつしえんきょういくのじっせんけんきゅうかい）
『特別支援教育の実践情報』を刊行している

〔本文イラスト〕オセロ　すずき匠

＊本書で紹介している外部へのリンクは刊行当時のものです。

はじめての〈特別支援学校〉12か月の仕事術
小学部・中学部・高等部

2025年３月初版第１刷刊　©編著者　米谷一雄
深谷純一
渡辺裕介
特別支援教育の実践研究会
発行者　藤原光政
発行所　明治図書出版株式会社
http://www.meijitosho.co.jp
（企画）佐藤智恵（校正）武藤亜子
〒114-0023　東京都北区滝野川7-46-1
振替00160-5-151318　電話03(5907)6703
ご注文窓口　電話03(5907)6668

＊検印省略　組版所　朝日メディアインターナショナル株式会社

本書の無断コピーは，著作権・出版権にふれます。ご注意ください。

Printed in Japan　ISBN978-4-18-160147-8

もれなくクーポンがもらえる！読者アンケートはこちらから
→

はじめて知って 一生役立つ 学べる雑誌

発達に遅れや偏りを持つ子供たちの「できた！」の笑顔に出会うための指導アイデアや実践事例をえりすぐって掲載！学びの連続性やインクルーシブ教育システムの充実など特別支援教育の課題を、幅広い視点でとりあげます！

祝！ 2025年より 月刊誌

ISSN 2188-4293

2025 4

特別支援教育の実践情報 No.225

特別支援教育の実践研究会編

企画：米谷一雄

隔月刊から月刊になりました！

1年目から1年間を見通せる
特別支援教育スタートガイド

新連載

子供とのかかわりを変える言葉選びのコンセプト・メイキング　川上 康則

ホワイトボード・ミーティング®でつくる「個別の指導計画」　ちょんせいこ・田中 雅子

心理学的テクニックを活用した子供の課題解決アプローチ　小西 一博

「ことばの教室」の担当になったら「ことばの遅れ」の指導　基礎基本　阿部 厚仁

知的障害者用教科書―星本―を活用した授業実践　加藤 宏昭

通常の学級の教科指導　個に応じた配慮　長江 清和

学びの土台を育む運動あそび　堂面 勝哉

明治図書

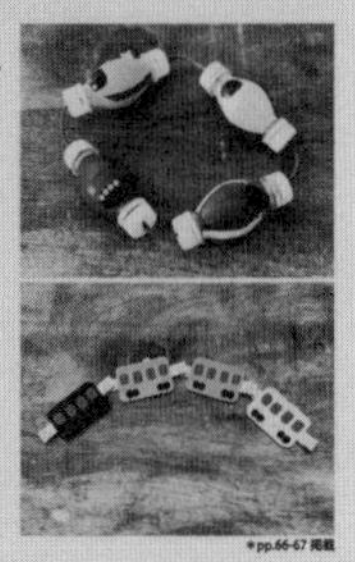

4月号特集 1年目から1年間を見通せる **特別支援教育スタートガイド**

5月号特集 もっと学びたくなる **国語・算数・SSTのゲーム・遊び**

6月号特集 **こどもが主語の特別支援教育** ちょっと背中を押す支援

注目の新連載

子供とのかかわりを変える
言葉選びのコンセプト・メイキング
川上 康則
東京都杉並区立済美養護学校 主任教諭

ホワイトボード・ミーティング®でつくる
「個別の指導計画」
ちょんせいこ
株式会社ひとまち代表取締役
田中 雅子
北海道教育大学釧路校准教授

知的障害者用教科書－星本－を活用した
授業実践
加藤 宏昭
文部科学省初等中等教育局 特別支援教育課 特別支援教育調査官

他にも！
- 心理学的テクニックを活用した子供の課題解決アプローチ（小西 一博）
- 学びの土台を育む運動あそび（堂面 勝哉）

雑誌DATA

『特別支援教育の実践情報』

毎月12日発売／B5判／74ページ
特別支援教育の実践研究会編
是枝 喜代治（代表）／宮﨑 英憲／朝日 滋也／大関 浩仁／喜多 好一／西川 諭／三浦 昭広／横倉 久／米谷 一雄 ＋ゲスト

続けて読むなら定期購読がお得！

- **年間購読料金が2カ月無料！**
  年間購読12冊を10カ月分の料金でお届けします。続けて読むなら断然お得です！
- **電子版も無料で購読できる！**
  定期購読されている雑誌・月号に限り購読できます。
- **毎号発売日に送料無料でお届け！**
  発売日にお届けしますので、買い忘れの心配がありません。

明治図書　携帯・スマートフォンからは **明治図書 ONLINE へ** 書籍の検索、注文ができます。▶▶▶
http://www.meijitosho.co.jp ＊併記４桁の図書番号（英数字）でHP、携帯での検索・注文が簡単に行えます。
〒114－0023　東京都北区滝野川７－46－１　ご注文窓口　TEL 03－5907－6668　FAX 050－3383－4991